Książka pt. „Jak stać się wnikliwym" napisana jest na podstawie wykładu wygłoszonego przez Andrzeja Moszczyńskiego.

Andrzej Moszczyński jest autorem 23 książek, 34 wykładów oraz 3 kursów. Pasjonuje go zdobywanie wiedzy z obszaru psychologii osobowości i psychologii pozytywnej.

Ponad 700 razy wystąpił jako prelegent podczas seminariów, konferencji czy kongresów mających charakter społeczny i charytatywny.

Regularnie się dokształca i korzysta ze szkoleń takich organizacji edukacyjnych jak: Harvard Business Review, Ernst & Young, Gallup Institute, PwC.

Jego zainteresowania obejmują następujące tematy: potencjał człowieka, poczucie własnej wartości, szczęście, kluczowe cechy osobowości, w tym między innymi odwaga, wytrwałość, wnikliwość, entuzjazm, wiara w siebie, realizm. Obszar jego zainteresowań stanowią również umiejętności wspierające bycie zadowolonym człowiekiem, między innymi: uczenie się, wyznaczanie celów, planowanie, asertywność, podejmowanie decyzji, inicjatywa, priorytety. Zajmuje się też czynnikami wpływającymi na dobre relacje między ludźmi (należą do nich np. miłość, motywacja, pozytywna postawa, wewnętrzny spokój, zaufanie, mądrość).

Od ponad 30 lat jest przedsiębiorcą. W latach dziewięćdziesiątych był przez dziesięć lat prezesem spółki działającej w branży reklamowej i obejmującej zasięgiem cały kraj. Od 2005 r. do 2015 r. był prezesem spółki inwestycyjnej, która komercjalizowała biurowce, hotele, osiedla mieszkaniowe, galerie handlowe.

W latach 2009-2018 był akcjonariuszem strategicznym oraz przewodniczącym rady nadzorczej fabryki urządzeń okrętowych Expom SA. W 2014 r. utworzył w USA spółkę wydawniczą. Od 2019 r. skupia się przede wszystkim na jej rozwoju.

www.andrewmoszczynski.com

Każdy z nas jest niepowtarzalny i wyjątkowy. Wszyscy rodzimy się z naturalną ciekawością świata, pragnieniem odkrywania, poznawania i tworzenia. Jak to się dzieje, że ta wyjątkowość, kreatywność, radość i swoboda ekspresji zatracają się gdzieś podczas dorastania i przypadającej na ten czas edukacji szkolnej? Czy powszechne systemy edukacji oparte na oświeceniowym przekonaniu, że wszyscy przychodzimy na świat jako „czysta tablica", którą można dowolnie zapisać, wspierają nasz rozwój i rozwijają nasze zdolności, czy jest wręcz przeciwnie? Czy szkoła, próbująca nas ukształtować według narzuconego przez system modelu i starająca się nas wpasować w ramy społecznych oczekiwań, na pewno jest warunkiem odniesienia sukcesu i spełnionego życia? Nie potwierdzają tego przykłady ludzi, którzy zdołali się wyłamać z tego systemu i pójść własną drogą. To samoucy – ci, którzy mimo braku formalnego, systemowego wykształcenia odnoszą sukcesy w przeróżnych dziedzinach i branżach, tworząc, wynajdując, unowocześniając, a często wręcz rewolucjonizując życie swoje i współczesnych im ludzi, czyniąc je lepszym i łatwiejszym.

Książka Sukcesy samouków – Królowie wielkiego biznesu, zawiera pięćdziesiąt biogramów nieprzeciętnych ludzi – przedsiębiorców samouków, którzy często wbrew ciężkim warunkom, biedzie i brakowi szkolnej edukacji odnieśli w życiu wielkie sukcesy, w sposób zasadniczy wpływając na świat, jaki znamy. Niech będą one dla Ciebie dowodem na to, że spełnione życie i sukces zależą przede wszystkim od pracy i samodzielnego rozwoju, a nie od formalnego wykształcenia.

Szczegóły dostępne na stronie: www.andrewmoszczynski.com

Jak stać się wnikliwym

Zespół autorski:
Andrew Moszczynski Institute LLC

Redaktor prowadzący:
Alicja Kaszyńska

Zastępca redaktora prowadzącego:
Dorota Śrutowska

Redakcja:
Ewa Ossowska, Anna Skrobiszewska

Korekta:
Dorota Śrutowska

Konsultacja merytoryczna:
dr. Zofia Migus

Projekt graficzny:
Sowa Druk

ISBN: 978-83-65873-64-4

Wszelkie prawa zastrzeżone

Copyright © Andrew Moszczynski Institute LLC 2020

Andrew Moszczynski Institute LLC
1521 Concord Pike STE 303
Wilmington, DE 19803, USA
www.andrewmoszczynski.com

Licencja na Polskę:
Andrew Moszczynski Group sp. z.o.o.
ul. Grunwaldzka 472, 80-309 Gdańsk
www.andrewmoszczynskigroup.com

Licencję wyłączną na Polskę ma Andrew Moszczynski Group sp. z.o.o.
Objęta jest nią cała działalność wydawnicza i szkoleniowa Andrew
Moszczynski Institute. Bez pisemnego zezwolenia Andrew Moszczynski
Group sp. z.o.o. zabrania się kopiowania i rozpowszechniania w jakiejkolwiek
formie tekstów, elementów graficznych,
materiałów szkoleniowych oraz autorskich pomysłów sygnowanych znakiem
firmowym AMI.

REKOMENDACJE

Piotr Borowiec

Jak żyć? To proste pytanie. A jednocześnie niezwykle otwarte. Trudno więc znaleźć odpowiedź, która prostotą i obszernością mogłaby mu dorównać. Bo *nie istnieje uniwersalny przepis na życie czy recepta na szczęście*. Na szczęście! Bo dzięki temu jest do czego w życiu dążyć. Więc człowiek docieka - gdyż jest to wpisane w jego naturę. I szuka – odpowiedzi czy metody. A, czasem, i nie szukając – natrafia... I nawet jeśli nie jest to odpowiedź wprost – tylko rodzaj podpowiedzi – to czemu nie skorzystać?

Na naprowadzające podpowiedzi i przykłady natknąłem się przy okazji nagrywania kolekcji audio-wykładów AMI. Poruszane w nich wątki dotyczą wnikliwości, wytrwałości, wiary w siebie, entuzjazmu, odwagi czy tego jak starać się być realistą. W trakcie nagrań w wielu miejscach utożsamiałem się z przedstawianymi treściami, a ich przekaz był dla mnie klarowny, interesujący i inspirujący. Sądzę, że *dla wielu osób wykłady te mogą być bardzo pomocnym narzędziem w próbie skonfrontowania się z samym sobą.*

A na pewno są ciekawym materiałem do przemyśleń w kontekście pytania: „Jak żyć?"

P.S. Przypomniały mi się słowa jednej z piosenek Wojciecha Młynarskiego, które – w swej lapidarności i trafności - przybliżają się do postawionego na początku pytania jako odpowiedź niemal idealna: „Do przodu żyj!" :)

Olgierd Łukaszewicz

Sam dość wcześnie wiedziałem, czego chcę, i dążyłem do osiągnięcia moich celów. Jednak dopiero w wieku dojrzałym zacząłem wnikliwej się sobie przyglądać i smakować życie. Cieszę się każdą jego chwilą. Chciałbym, by zawsze przynosiło mi ono satysfakcję.

Ludzie, zarówno młodzi, jak i ci starsi, dzięki tym wykładom – przystępnym i jasnym – mogą zdobyć wiedzę, która pozwoli im iść przez życie aktywnie i twórczo, czyli odczuwać jego pełnię. Te wykłady pokazują, że istotą pozytywnej zmiany, tak upragnionej przez nas, nie jest bierne oczekiwanie na zrządzenie losu, a świadomy rozwój i konsekwentne budowanie własnej dojrzałości. Uczą też, jak praktycznie wzmacniać wiarę w siebie, wnikliwość, wytrwałość, odwagę, entuzjazm i realizm – kluczowe cechy, które rzeczywiście pomagają spełniać marzenia i realizować najbardziej ambitne plany. Warto z tego skorzystać.

dr Zofia Migus

Patrząc na kolekcję wykładów przygotowaną przez Instytut i znając już ciekawą tematykę całości, zwróciłam uwagę na dwa aspekty. Przede wszystkim unikatowa forma przekazu treści. Większości z nas wyraz wykład kojarzy się ze statycznym, jednostronnym przekazem informacji. Uczeń, student, słuchacz siedział, a nauczyciel przekazywał treści dydaktyczne bardziej lub mniej interesująco. Jednak twórcy kolekcji odeszli od tego schematu. Wykłady zostały skonstruowane w inny sposób, dużo bardziej nowoczesny, chociaż nawiązujący do sokratejskich metod nauczania. Każdy z nich zawiera wiele pytań skierowanych do słuchacza, aby mógł już podczas czytania zatrzymać się i przemyśleć usłyszane treści. Wsparciem tego procesu są unikatowe ćwiczenia, które inspirują do formułowania własnych sądów i do tworzenia własnego punktu widzenia. To ogromna pomoc, a jednocześnie spełnienie zasady stosowania praktycznego działania w procesie poznawczym.

Drugi aspekt to przydatność publikacji. Moją uwagę zwróciło połączenie różnych kręgów odbiorców, zwłaszcza odbiorcy indywidualnego (w różnym wieku) z biznesowym. Autorzy wykładów wychodzą bowiem z nadzwyczaj słusznego, niestety nie zawsze docenianego założenia, że *na sukces firmy w głównej mierze składa się powodzenie każdego pojedynczego człowieka, który w niej pracuje*. Niezależnie od tego, jakie stanowisko zajmuje. W związku z tym dbałość o samopoczucie pracownika i jego życiową satysfakcję powinna stać się ważnym zadaniem dla zarządów firm i gremiów kierowniczych. Wykłady, które podejmują wiele ważkich tematów z dziedziny rozwoju osobistego mogą stać się istotną pomocą w realizacji tego zadania. Tym samym mogą przyczynić się do *wzmocnienia identyfikowania się z firmą, wzrostu motywacji, kreatywności, a także tolerancji na zmieniające się środowisko pracy*. Pomoże to w osłabieniu lub nawet eliminacji tak niekorzystnych zjawisk jak nadmierna absencja, fluktuacja kadr czy wypalenie zawodowe.

Jako filozof, nauczyciel i doradca biznesowy *polecam więc te kolekcję zarówno ludziom,*

pragnącym zmienić swoje życie prywatne, jak i firmom, których zamiarem jest stworzenie organizacji na miarę XXI wieku, efektywnej i satysfakcjonującej właścicieli oraz pracowników.

Grażyna Wolszczak

Wielką przyjemnością było dla mnie nagrywanie tych wykładów, bo ich tezy w dużym stopniu odzwierciedlają moje poglądy. *Jestem przekonana, że życie powinno przynosi satysfakcję, że trzeba myśleć pozytywnie, że każdy z nas potrzebuje wiary w siebie i innych kluczowych cech umożliwiających urzeczywistnienie własnych marzeń.* Wydaje się, że właściwie wszyscy dobrze o tym wiemy, ale czy na pewno? A jeśli nawet, to czy stosujemy tę wiedzę w praktyce?... Czy jesteśmy wystarczająco wnikliwi, żeby dostrzegać szanse, które życie nam stwarza?... Czy mamy w sobie dosyć wytrwałości, by zrealizować plany?... Czy odważnie wykorzystujemy swoje talenty i uzdolnienia?... Czy entuzjastycznie podchodzimy do zadań?... Czy jest w nas pozytywny realizm, który pozwala śmiało patrzeć w przyszłość i nie popadać w narzekanie?...

Niewiele osób na te wszystkie pytania odpowie „tak", mimo że *każdy chciałby mieć życie ekscytujące, przynoszące radość i dające poczucie spełnienia. Wierzę, że te wykłady mogą*

pomóc to osiągnąć, zwłaszcza tym, którzy po raz pierwszy zetkną się z literaturą z tej dziedziny. Zawierają cenne wskazówki i dużą dawkę praktycznej wiedzy o możliwościach rozwoju osobistego. Ta wiedza przekonuje, bo jest oparta na doświadczeniu ludzi, którzy potrafili zdobyć naprawdę wiele. Analiza ich postaw może stanowić prawdziwą zachętę do rozpoczęcia zmian we własnym życiu.

Jestem urodzoną optymistką. Moja szklanka jest zawsze do połowy pełna. Mimo różnych zawirowań życiowych wierzę, że jeśli człowiek jest zadowolony z życia, jeśli lubi siebie i innych, potrafi wyjść obronną ręką z każdej sytuacji, nawet bardzo trudnej. Cieszę się, że mogłam brać udział w realizacji tak inspirujących wykładów.

Spis treści

Jak stać się wnikliwym............... 23
Część utrwalająca.................... 77
Słowniczek 113
Źródła i inspiracje................... 121

Jak stać się wnikliwym

Narrator
Poszukiwanie istoty rzeczy to nie tylko domena filozofów. Pytanie „dlaczego" należy do podstawowych pytań, jakie człowiek zadaje sobie i innym, by zrozumieć świat. We wczesnym dzieciństwie jest ono wyrazem ciekawości, później staje się też przejawem wnikliwości, która każe nam dociekać prawdy, analizować, interpretować i zgłębiać treści, wykorzystując wszelkie możliwości umysłu. Wszystko po to, by nadać życiu głębszy sens, wyjść poza zaspokajanie podstawowych potrzeb fizjologicznych i zacząć żyć świadomie.

Na czym polega różnica między zdawaniem się na los a życiem świadomym?... Można ją przedstawić bardzo obrazowo. Każdy z nas zetknął się kiedyś z pojęciem labiryntu. Niektórzy mieli nawet okazję przebywać w parkach-labiryntach stworzonych z odpowiednio przyciętych krzewów ozdobnych. Człowiek nieświadomy, że może kierować swoim życiem, zachowuje się tak, jakby chodził po ścieżkach labiryntu i po omacku szukał drogi. Zapewne w końcu uda mu się wyjść z matni, ale popełni przy tym sporo błędów. Wielokrotnie droga, którą wybierze, okaże się ślepą uliczką. Człowiek żyjący świadomie idzie śmiało i niemal bezbłędnie. Tak jakby na ścieżki labiryntu patrzył z góry i doskonale widział, którędy pójść, by trafić do celu. Jak sądzisz, który z tych ludzi będzie czuł się pewniej?... Któremu z nich będzie łatwiej zachować entuzjazm?... Który będzie wytrwalej realizował zaplanowane przez siebie cele?...

Co zrobić, żeby zobaczyć drogę prowadzącą do spełnienia? Żeby życiowy labirynt zdradził nam swoje tajemnice? Pomocą może się okazać zbudowanie życia na wartościach nadrzędnych, dobre poznanie własnej osobowości, a także ukształtowanie w sobie cech, które staną się dopełnieniem wiary w siebie. Jedną z nich jest właśnie wnikliwość.

Czym jest wnikliwość i do czego się przydaje? Jak ją w sobie rozwinąć? Dlaczego warto być człowiekiem wnikliwym w życiu osobistym, prywatnym i zawodowym? Czy wykształcenie w sobie tej cechy wpłynie na nasze relacje z innymi? Spróbujmy wspólnie się nad tym zastanowić.

Prelegent
Wykład z pierwszej części kolekcji, zatytułowany *Jak zbadać swoje możliwości*, przywoływał sylwetki ludzi, których odkrycia lub wynalazki okazały się znaczące dla rozwoju świata. Wśród przypomnianych postaci znaleźli się między innymi: chiński wynalazca papieru Cai Lun i słynny malarz, a jednocześnie budowniczy wielu nowatorskich maszyn, Leonardo da Vinci. Konstruktor pierwszego aparatu do przekazywania głosu Antonio Meucci i twórca pierwowzoru komputera Howard Aiken. Odkrywca penicyliny Alexander Fleming i chirurg Christiaan Barnard, który przeprowadził pierwszy przeszczep serca. A także Arthur Charles Clarke, wizjoner dostrzegający w satelitach możliwość rozwoju komunikacji międzykontynentalnej. Różniło ich wiele: czas i miejsce, w jakich żyli, dziedziny, którymi się zajmowali, a także tryb życia. Łączyły zaś istotne cechy osobowości. Między innymi wnikliwość. Czy to przypadek? Czy też wnikliwość mogła mieć wpływ na osiągnięcia tych ludzi, tak znaczących dla rozwoju świata?

Biorąc pod uwagę wszystkie akty tworzenia, odkrywa się jedną elementarną prawdę: gdy się czemuś prawdziwie poświęcamy, wspiera nas Opatrzność. JOHANN WOLFGANG VON GOETHE

Przyjrzyjmy się bliżej jednemu z wymienionych – Alexandrowi Flemingowi. Moglibyśmy powiedzieć, że odkrywca penicyliny wpadł na jej trop przypadkiem. Przeanalizujmy jednak sytuację. Czy rzeczywiście był to tylko zbieg okoliczności?... Fleming po stwierdzeniu, że używane dotąd środki antybakteryjne nie leczą pacjentów, a może nawet im szkodzą, poszukiwał czegoś, co skutecznie radziłoby sobie z drobnoustrojami, a jednocześnie nie niszczyło zdrowej tkanki organizmu. Odkrywał różne substancje, między innymi w kurzym białku, łzach i wydzielinie z nosa, ale czuł, że nie o to mu chodziło. Nie ustawał więc w poszukiwaniach. Podczas dalszych badań zauważył, że na naczyniu laboratoryjnym zawierającym kolonię gronkowców urosła dziwna pleśń. Nie spodziewał się tego, jednak był zbyt dobrym badaczem, by *a priori* uznać, że to zwykłe zanieczyszczenie. Dokładnie przyjrzał się zjawisku. Postanowił je bliżej poznać i zrozumieć. Zaobserwował, że pleśń zabija drobnoustroje, nie niszcząc przy tym zdrowych tkanek, i jest o wiele skuteczniejsza od poprzednio odkrytych substancji. Czy przełomowe osiągnięcie medyczne byłoby możliwe, gdyby nie wnikliwość naukowca?

Wnikliwość jest również cechą ludzi żyjących blisko nas. Potrzebną i podstawową. Jakiś czas temu jeden z partnerów instytutu zachorował na nowotwór. Był leczony przez różnych utytułowanych lekarzy, jednak na operację zdecydował się w szpitalu w Krakowie. Dlaczego? Ponieważ dostrzegł, że profesor z tego szpitala mimo wielu lat praktyki w zawodzie nie był skażony rutyną. Poświęcił na rozmowę z chorym dużo czasu. Konsultował przypadek z innymi specjalistami. Wytrwale poszukiwał najlepszej metody leczenia. Efekt? Pacjentowi nie amputowano przełyku, choć takie były sugestie innych, wydawałoby się nie mniej wybitnych lekarzy. Obyło się bez operacji okaleczającej na całe życie – wystarczyło laserowe wyłuskanie guza.

Już na tych przykładach widać, że nadrzędną cechą wnikliwości jest celowa rezygnacja z posługiwania się rutyną i stereotypami. Nasz umysł ma zwyczaj porównywać wszystko, co dostrzegamy na bieżąco, z tym, co już zna, i na tej podstawie wyciąga wnioski. Działa podobnie jak komputer. Dostaje dane, analizuje i podaje wynik. Ale człowiek to nie komputer! Mózg człowieka może więcej! Jest bardziej wszechstronny i nie musi funkcjonować zgodnie z oprogramowaniem, co oznacza, że ma możliwość wychodzenia poza wyuczone wzorce myślowe, tzw. stereotypy. Stereotypami nazywamy przekonania i poglądy zbudowane bez udziału świadomości, najczęściej negatywne, powszechnie funkcjonujące w społeczeństwie i przejmowane od innych ludzi. Często są to niesprawdzone i niesprawiedliwe osądy, na przykład kojarzenie bogactwa wyłącznie z cwaniactwem i kombinatorstwem, a świadków Jehowy z sektą.

Czy z rutyną i stereotypami można walczyć? Tak, nawet trzeba, choć to niełatwe. Tym bardziej, że przez lata poddawani jesteśmy nauce szkolnej, która z samej swojej natury jest kształceniem na wzorcach. Polega więc na ogół na patrzeniu i myśleniu w tym samym kierunku, w którym patrzy i myśli nauczyciel. Czy to jest dobra droga? Może w nauczaniu powinno znaleźć się więcej miejsca na kreatywność i nieskrępowaną twórczość ucznia? Taka mogłaby być szkoła marzeń. Ale szkoły w większości takie nie są. Czy jesteśmy więc skazani na szablonowość w nauce, a tym samym na szablonowość w życiu? Nie, jeśli sami nauczymy się kreatywnego spojrzenia na to, co nas otacza. Podstawą nowego podejścia powinna być wnikliwość, cecha wielu dawnych mistrzów, choćby Leonarda da Vinci.

Niezwykle wszechstronny Leonardo był między innymi konstruktorem wielu urządzeń. Na potrzeby swoich zleceniodawców opracował na przykład projekt ogromnej kuszy. Pracę jak zwykle zaczął od studiów tematu. Przeanalizował budowę podobnych przedmiotów i zbadał możliwości dostępnych materiałów konstrukcyjnych. Dogłębnie zapoznał się z zasadami mechaniki, żeby sprawdzić, jak będą rozkładać się siły podczas działania kuszy. Badał też dynamikę projektowanego urządzenia i sporządził precyzyjne szkice, które bardzo przypominały dzisiejsze rysunki techniczne.

Zwróćmy uwagę na kolejność postępowania. Najpierw wnikliwe studia tematu. Zebranie wszelkich informacji, które mogą się okazać przydatne w procesie projektowania konstrukcji. Dopiero potem otwarte myślenie i dochodzenie do nowych rozwiązań. Czy ten sposób działania nie jest bardziej efektywny od szukania po omacku lub opierania się wyłącznie na stereotypach i rutynie?

Narrator
Czy pamiętasz genialne stwierdzenie Kartezjusza „Cogito ergo sum" – „Myślę, więc jestem"? Zawiera ono niezwykłą wręcz wiarę w potęgę ludzkiego rozumu. Wskazuje, że o jakości życia decyduje właśnie myślenie. Im częściej pytamy, wątpimy, dociekamy, tym decyzje, które podejmujemy, są trafniejsze i obarczone mniejszym ryzykiem popełnienia błędu. Im wnikliwiej zagłębiamy się w temat, tym trudniej nami manipulować i narzucić nam sądy. Wnikliwiej, czyli jak? Zastanówmy się teraz, czym jest wnikliwość, która pozwala iść drogą wskazaną przez wielkiego myśliciela?

Prelegent
Zgodnie z definicją słownikową wnikliwość to dokładne badanie, zgłębianie i wszechstronne analizowanie sytuacji, aby dokonać świadomego wyboru dalszego postępowania. Wymaga wysiłku, który nie każdy chce albo potrafi podjąć. Stąd tak niewiele osób decyduje się na żmudne szukanie odpowiedzi na istotne pytania, na przykład: „Dlaczego mam wybrać takie studia?", „Dlaczego warto w to zainwestować?", „Dlaczego przedsięwzięcie (własne lub cudze) się nie powiodło?", „Dlaczego mam tak mało czasu dla siebie i rodziny?". A warto byłoby to zrobić.

> Prawdę należy mówić tylko temu, kto chce jej słuchać. SENEKA STARSZY

W języku hebrajskim istnieje ważne słowo *sechel*. Łączy w sobie dwa pojęcia: wnikliwość i roztropność. Dla Hebrajczyków były one jednoznaczne. Wnikliwość ma bowiem związek z rozumowym poznawaniem przyczyn, z mądrością. Mądrość to nie tylko dotarcie do wiedzy. Mądrość to umiejętność zastosowania jej w praktyce. Człowiek wnikliwy zatem zdobywa wiedzę i wykorzystuje ją w codziennym życiu. Jest takie greckie słowo *epignosis*, które oznacza „dokładne poznanie". Poznając coś dokładnie, zaczynamy rozumieć temat, sprawę czy problem, a to ułatwia nam wyciąganie wniosków i podejmowanie właściwych decyzji.

Sprawą kluczową jest więc wiedza. Bez niej nie rozwiniemy wielu przydatnych cech, a przynajmniej nie zrobimy tego świadomie, co najwyżej przypadkowo. Zdobywanie kolejnych obszarów wiedzy doda nam odwagi. Znikną obawy przed stawianiem pytań, bo będziemy wiedzieć, że nie świadczą one o niekompetencji, są jedynie dowodem wnikliwości. Gdzieś znikną kompleksy, które odzywają się niemal w każdym, kto zdaje sobie sprawę, że uczył się zbyt mało. Człowiek posiadający tylko wiedzę szkolną (bardzo niepełną i ograniczoną) będzie obawiał się ośmieszenia. Będzie miał tendencję do bagatelizowania problemów innych i unikania poważniejszych rozmów. Na marginesie warto dodać, że uczenie się może być jednym z przyjemniejszych zajęć. Poświęcimy mu cały wykład w trzeciej części kolekcji.

> Jeżeli żyjemy świadomie, nie wyobrażamy sobie, że nasze odczucia nieomylnie wskazują prawdę. NATHANIEL BRANDEN

Niestety, odkąd nastał Internet, poznawanie wiedzy staje się coraz bardziej powierzchowne, choć wydaje się, że powinno być odwrotnie, bo mamy do dyspozycji niemal całą mądrość ludzkości. Czy jednak korzystamy z tego? Czy w erze Google, kiedy w ciągu kilku sekund możemy znaleźć odpowiedź na prawie każde pytanie, nie jesteśmy bardziej skłonni przyjąć pierwsze lepsze wyjaśnienie niż wnikliwie dochodzić do sedna sprawy?

Dlaczego warto poświęcać czas na głębsze dociekania? Bo dzięki temu nie tylko będziemy wiedzieć więcej, lecz także nauczymy się lepiej rozumieć siebie i innych. Nie ma to nic wspólnego ze wścibstwem. Wścibstwo to chęć poznania faktów z życia innego człowieka – o których nie chce on mówić – dla zaspokojenia zwykłej ciekawości. Często łączy się z chęcią wyrządzenia mu krzywdy. Wnikliwość z takim zachowaniem nie ma nic wspólnego.

Narrator

Zwróćmy uwagę na zdanie, z którego wynika, że wnikliwość nie tylko poszerza wiedzę, lecz także pozwala lepiej rozumieć siebie i innych. Ta zdolność do rozumienia innych powoduje, że osoby wnikliwe zazwyczaj są przez otoczenie odbierane pozytywnie. Ich towarzystwo gwarantuje, że nie zostaniemy osądzeni. Dzieje się tak, ponieważ ludzie posiadający tę cechę nie wydają pochopnie wyroków. Nie mają tendencji do natychmiastowej oceny wszystkiego. Nie usłyszymy od nich: „Ja nigdy bym tak nie zrobił…", „Nie potrafisz się zachować…", „Zawsze podejmujesz głupie decyzje…". Oddzielają osąd człowieka od osądu sytuacji, a i z tym się nie spieszą. Mają świadomość, ile przykrości może wyrządzić próba ferowania wyroków, gdy emocje jeszcze nie opadły.

Prelegent

Biblijna *Księga Przysłów* w wielu miejscach zaleca rozwagę w mowie i działaniu. To ważne, by nauczyć się mówić wtedy, gdy nas o to proszą, i milczeć, jeśli rozmowa miałaby być pustą gadaniną. Człowiek wnikliwy myśli o konsekwencjach swoich słów. Zanim coś powie, zastanowi się, jak może to zostać odebrane. Jego intencją nie jest upokorzenie lub skrzywdzenie kogokolwiek. Rady, których udziela, są oparte na wiedzy, przemyśleniach i głębokim zastanowieniu. Są też pozbawione emocji, które w tym przypadku byłyby złym doradcą.

Świadomość, że słowa mogą skrzywdzić drugiego człowieka, jest obecna także w myśli Wschodu. O wielkiej mocy słów czytamy między innymi w *Wedach*, starożytnych tekstach hinduskich. Moc ta sprawia, że osobami predysponowanymi do głoszenia prawdy są tam jedynie kapłani, zwani braminami, ponieważ – jak głosi tradycja – powstali z ust bóstwa. Prawo ahinsy, czyli zakaz krzywdzenia jakiejkolwiek istoty żywej, obejmuje także krzywdy wyrządzane słowem. Konfucjusz uważał, że na straży tego prawa powinny stać obyczaje i etykieta regulujące relacje międzyludzkie, uczące okazywania szacunku i przekazywania bolesnych wieści tak, by nikogo nie urazić.

Osoby wnikliwe wiedzą – najczęściej intuicyjnie – jak zaspokajać psychiczne i emocjonalne potrzeby innych. Posiadają niezwykłą umiejętność słuchania, objawiającą się życzliwością i uważnością. Poprzez zadawanie trafnych pytań potrafią zachęcić do rozmowy nawet kogoś bardzo nieśmiałego lub nieufnego. Umiejętność słuchania nie jest powszechna, bo przecież jak zauważył amerykański pisarz Orson Scott Card: „Co innego słyszeć, a co innego słuchać". Większości z nas trudno doczekać spokojnie do końca czyjegoś opowiadania. Przeważnie słuchamy jedynie do momentu, kiedy możemy się wtrącić, przejąć pałeczkę i zacząć swoje: „Ja kiedyś byłem w podobnej sytuacji…", „Ja na Twoim miejscu to…", „Ja miałem kiedyś znajomego, który tak samo…". Ja… ja… ja… I dalej to już my toczymy swoją opowieść, mniej lub bardziej interesującą, zapominając zupełnie, że rozmówca chciał nam powiedzieć o czymś, co być może było dla niego bardzo ważne. Czy zdarzyło Ci się kiedyś zrezygnować z powiedzenia czegoś istotnego, bo rozmówca, którego uważałeś za swego przyjaciela, nie dał Ci dojść do głosu?… Czy pamiętasz, co wówczas odczuwałeś?… Brak zainteresowania?… Obojętność?… A może lekceważenie ze strony tego, z kim rozmawiałeś? Z pewnością odczucia te nie należały do przyjemnych. Obcowanie z ludźmi, którzy nie potrafią słuchać, jest bardzo przykre, a komunikacja z nimi – jednokierunkowa. Nie ma mowy o prawdziwym zrozumieniu czy bliskości. Wnikliwość pozwala otworzyć uszy i serce na drugiego człowieka.

Przypomnij sobie znakomity musical *Skrzypek na dachu*. Zapewne utkwiła Ci w głowie piosenka wykonywana przez mleczarza Tewje, rozpoczynająca się od frazy: „Gdybym był bogaty...", być może jednak bardziej zwróciły Twoją uwagę słowa głównego bohatera, który rozważa, czy rzeźnik dużo starszy od jego córki nadaje się dla niej na męża. Tewje patrzy na sytuację z różnych punktów widzenia, wielokrotnie powtarzając: „a z drugiej strony...". To dowód wnikliwości i rozwagi.

Wnikliwość połączona z rozwagą powodują, że człowiek przestaje nerwowo reagować na otoczenie, nawet jeśli nie wszystko przebiega po jego myśli. Ujawniają się u niego lub wzmacniają naturalne zdolności do wyznaczania realistycznych celów i prowadzenia skutecznych działań. Zastanawia się nad rzeczywistymi możliwościami realizacji planu, który skonstruował na bazie swojej wiedzy. Potrafi ominąć rafy na kursie, ponieważ dostrzega zarówno swoje słabości, jak i ograniczenia tkwiące w otoczeniu. Nie ulega huraoptymizmowi i zbyt świetlanym ocenom sytuacji. Elastycznie podchodzi do kolejnych zdarzeń. Nie stara się zmieniać świata, lecz swoje postępowanie. Dzięki temu zazwyczaj realizuje plany i odczuwa satysfakcję z życia. Czy chciałbyś taki być?... Myślę, że to pytanie jedynie retoryczne.

Narrator
Dobroczynny wpływ wnikliwości możemy odczuć w różnych sferach życia, warto więc wypracować w sobie tę cechę, a potem systematycznie ją wzmacniać. Być może pomyślisz teraz: „No, dobrze. Wiem już, co charakteryzuje osobę wnikliwą. Ale... jak mam obudzić i rozwijać w sobie umiejętność bycia wnikliwym? Czy będę potrafił to zrobić?". Zapewne tak. Jest na to kilka skutecznych sposobów.

Zacznij od przeanalizowania swoich zachowań i pomyśl, czy postępujesz wnikliwie. Czy przed podjęciem decyzji jak mleczarz Tewje rozważasz różne aspekty sprawy? Czy potrafisz stłumić zbyt silne, emocjonalne reakcje? Tylko niewielu z nas może odpowiedzieć na te pytania pozytywnie. Większość albo powie „nie" albo się zawaha, zanim twierdząco kiwnie głową. A więc... Czy warto czekać, aż nauczą nas wnikliwości bolesne doświadczenia?

Prelegent
Zdecydowanie lepiej wypracować w sobie wnikliwość zawczasu. Trudno będzie ją rozwinąć, jeśli nie przestaniemy działać w ciągłym pędzie, pod presją ludzi lub strachu. Potrzebny jest spokój i odpowiednia atmosfera. Na początek uwolnijmy się od zbędnych obciążeń. Nadmiar pracy i zmęczenie są wrogami wnikliwości. Jeśli weźmiemy na siebie zbyt dużo obowiązków, nie będziemy mogli wywiązać się z nich dobrze. Prawdopodobnie zbadamy sprawy jedynie powierzchownie. Zdobędziemy dwie lub trzy przesłanki i na tej podstawie sformułujemy opinię, wytyczymy kolejny cel lub stworzymy plan działania. Z braku czasu uznamy nasze postępowanie za słuszne i jedyne możliwe, a weryfikacją nie będziemy zaprzątać sobie głowy. Czy to nie zwiększy prawdopodobieństwa popełnienia

błędu? Może lepiej nauczyć się odmawiać, jeśli poczujemy, że jakieś zobowiązanie jest ponad nasze siły? Pomoże nam w tym asertywność, o której porozmawiamy w jednym z kolejnych wykładów.

Pozbycie się zbędnych obciążeń to zaledwie oczyszczenie pola. Kolejnym krokiem będzie zdobycie wiedzy, a więc między innymi znalezienie odpowiednich lektur. Spróbuj zastanowić się najpierw, jakiej wiedzy potrzebujesz. Praktycznej?... Teoretycznej z określonej dziedziny?... Ogólnej?... Poszukiwanie wartościowych książek może stać się pierwszym ćwiczeniem wnikliwości. Jak wybierać? Dobrze jest rozpocząć od Internetu. Na portalach księgarskich łatwo znaleźć publikacje z określonej dziedziny. Zazwyczaj są opatrzone krótkimi recenzjami napisanymi przez krytyków i czytelników. Na tym jednak nie poprzestańmy. Sprawdźmy jeszcze autorów. Czy z ich biografii wynika, że są osobami kompetentnymi do pisania na określony temat?... Wejdźmy też na różne fora i przeczytajmy opinie dotyczące wstępnie wybranych pozycji. Dopiero teraz zdecydujmy, czy warto je zakupić i poświęcić czas na ich przeczytanie.

Jeśli jest taka możliwość, wybierzmy się do prawdziwej księgarni i przyjrzyjmy tym wstępnie wybranym książkom bliżej. Musimy wiedzieć, czy odpowiada nam styl autora. Jest wiele książek naprawdę wartościowych, które ze względu na sposób pisania nie nadają się dla wszystkich. Niekiedy barierą jest słownictwo zbyt łatwe (wtedy książka wydaje nam się mało kształcąca) lub zbyt trudne (tekst jest niezrozumiały). Obecnie każdy może znaleźć lektury odpowiednie do swoich potrzeb i aktualnego poziomu czytelniczego.

> Kto się o mądrość ubiega, ten księgi miłować winien nad srebro i złoto. JAN AMOS KOMEŃSKI

Podobnie starannie trzeba dobierać nie tylko książki, ale też treści internetowe oraz programy radiowe i telewizyjne, a także kursy i szkolenia.

Następnym krokiem w rozwijaniu wnikliwości jest zmiana sposobu postrzegania świata. Jak już mówiliśmy, wielu ludzi patrzy na innych, na otoczenie lub sytuację tylko z jednego punktu widzenia. Co mają przed oczami?… Spróbuj sobie wyobrazić, że idziesz po zmroku nieoświetloną drogą. W ręku trzymasz włączoną latarkę. Snop światła rozjaśnia ciemność w jednym kierunku. Jeśli skierujesz go pod nogi, zobaczysz tylko nierówności na drodze. Nie przewrócisz się, ale nie będziesz widział ani dokąd zmierzasz, ani co mijasz. Jeśli skierujesz światło przed siebie, dostrzeżesz majaczące gdzieś w oddali trudno rozpoznawalne obiekty, bez szczegółów, bez kolorów – obce i nieprzyjazne, nawet jeśli za dnia codziennie obok nich przechodzisz. Przy tak ustawionym oświetleniu nie zauważysz przeszkód tuż przed sobą – wyrw i dziur. To grozi potknięciem i upadkiem, co w najlepszym razie skończy się bolesnym potłuczeniem. Teraz wyobraź sobie, że ktoś tę drogę oświetlił latarniami ulicznymi. W oknach przydrożnych domów zapaliły się światła, a na niebie rozbłysły gwiazdy i księżyc. Czy drogi, którą idziesz, nie będziesz widział zupełnie inaczej?

Uświadom sobie, że Twoje życie to też droga. Możesz mieć w ręku jedną latarkę i świecić nią to tu, to tam, czyli widzieć raz to, raz tamto. Czy nie lepiej jednak wędrować w pełnym świetle? Dzięki temu można zobaczyć całe piękno i bogactwo życia. Można właściwie wybrać trasę i świadomie ominąć przeszkody.

> Prawdziwa siła zrozumienia polega na niedopuszczeniu do tego, by coś, czego nie wiemy, krępowało to, co wiemy. RALPH WALDO EMERSON

Jak w takim razie nauczyć się dostrzegać to, co ważne, a co często umyka nam w natłoku codziennych zdarzeń?... Dobrym sposobem na zmianę postrzegania świata jest reporterskie spojrzenie na życie. Polega ono na przyglądaniu się zdarzeniom z dystansem, jak niezależny obserwator. Zazwyczaj mamy tendencję do patrzenia na wszystko przez pryzmat swoich poglądów, przekonań, racji, interesów i emocji. Nie zdołamy zupełnie tego wyeliminować, ale możemy wypracować wielostronność spojrzenia. Najpierw nauczmy się dostrzegać i zapamiętywać fakty, a potem starajmy się je umieszczać na tle wiedzy i różnorodnych doświadczeń. Następnie stawiajmy pytania, sobie i innym, o wszystko, co wykracza poza naszą znajomość rzeczy. Czy na każde z nich dostaniemy jednoznaczną odpowiedź?

Nie! Ale jeśli będzie ich wiele, wyrobimy sobie własne zdanie. Wcześniej czy później też od „Co?", „Gdzie?", „Kiedy?" dojdziemy do pytań: „Jak…": „Jak zmniejszyć czas podróży na antypody do jednej godziny?", „Jak zatrzymać starzenie się organizmów?", „Jak przekazywać dane do mózgu bez pomocy zmysłów?". Te pytania skierują nas na szlak, którym przeszły liczne pokolenia odkrywców i wynalazców.

Kiedy piszesz, musisz zebrać w jeden strumień wszystkie swobodne prądy serca. AMY TAN

Dobrym ćwiczeniem wnikliwości jest prowadzenie osobistego pamiętnika lub – bardziej dziś popularnego – bloga internetowego, w którym będziemy zapisywać przepływ myśli. Dlaczego? Po pierwsze, już na etapie pisania zastanowimy się nad przedstawianymi faktami. Po drugie, jeśli wylejemy na papier nasze odczucia, szybciej odzyskamy spokój i spojrzymy na wszystko z reporterskim dystansem. Po trzecie wreszcie, możemy wrócić do notatki w pamiętniku lub blogu po jakimś czasie, kiedy emocje związane z opisywanym zdarzeniem osłabną, i przyjrzeć się mu jeszcze raz. Może wtedy zauważymy błędy, które popełniliśmy? Może zmienimy nasz osąd sytuacji?... Może nie była ona tak tragiczna... trudna... zadziwiająca... jak się w pierwszej chwili wydawało? Z perspektywy spojrzymy na nią bardziej obiektywnie.

W jaki sposób pisać? Ważna jest nie tylko systematyczność. Tego typu pamiętnik lub blog powinien być szczery, stąd lepiej go nie upubliczniać, czyli nie dawać do czytania innym osobom, nawet najbliższym. Niekiedy umysł będzie Ci podpowiadał usprawiedliwienia i bardziej szlachetne motywy Twoich czynów, niż były one w rzeczywistości. Niekiedy – przeciwnie – możesz zacząć się oskarżać i brnąć w narzekanie. Staraj się tego unikać.

Zauważmy, że zapisy dziennika, zwłaszcza jeśli notujemy nasze myśli bez cenzurowania ich i dbałości o perfekcję stylistyczną, przypominają rozmowę. Mnóstwo w nich pytań i urwanych zdań. Tak właśnie wygląda zapis nieustannie toczącego się w naszej głowie dialogu wewnętrznego. Warto uświadomić sobie jego istnienie i wykorzystać w procesie doskonalenia osobowości.

Narrator
Dialog niezwykle cenił Sokrates, a także Platon, Arystoteles i wielu innych myślicieli. Pozwala on ciekawie i dynamicznie przedstawiać swoje zdanie oraz pomaga rozmówcy w dochodzeniu do własnych wniosków. Sokrates wykorzystywał dialog do nauczania. Toczył rozmowy na ulicy, by naprowadzać uczniów na poprawne rozwiązania, a właściwie zachęcał ich w ten sposób do wspólnego szukania prawdy. Myśliciel był przekonany, że każdy nosi w swoim wnętrzu pełnię wiedzy, potrzebuje jedynie kogoś, kto wydobędzie ją na zewnątrz. To był początek dialektyki, którą w starożytności i średniowieczu rozumiano jako umiejętność prowadzenia rozmowy i dochodzenie do prawdy poprzez zadawanie kolejnych pytań. Dialog można prowadzić także z samym sobą. To znakomita pomoc w rozwijaniu wnikliwości.

Prelegent
Śmiało można powiedzieć, że Sokrates mieszka w umyśle każdego z nas. Wsłuchaj się przez chwilę w to, co przepływa przez Twoją głowę. Setki, tysiące myśli. Jeśli nie śpimy, nie ma tam

ani chwili spokoju. Bez przerwy coś nam podszeptuje komentarze, oceny, skojarzenia, refleksje... Ćwiczenie wnikliwości polega między innymi na zapanowaniu nad dialogiem wewnętrznym i wykorzystaniu go jako narzędzia. Warto jednak zachować ostrożność, ponieważ to narzędzie, nieumiejętnie użyte, może spowodować wiele szkód.

Istnieją miliony oblicz prawdy, ale prawda jest tylko jedna. HERMANN HESSE

Rozróżniamy dwa rodzaje dialogu wewnętrznego: pozytywny i negatywny. Jeśli karcimy się w myślach i wiecznie coś nam się w sobie nie podoba, dialog nazywamy negatywnym. Wówczas głos wewnętrzny podpowiada: „Jesteś beznadziejny, niczego nie zdobędziesz, wszystko psujesz". Poznajemy to po pojawiających się wyrzutach sumienia i złym samopoczuciu, które mogą doprowadzić do depresji. Jeśli zaś myślimy optymistycznie o sobie i o tym, co robimy, głos wewnętrzny przekonuje: „Jesteś wart szacunku, ludzie Cię lubią, potrafisz pomagać, masz inicjatywę", wtedy dialog nazywamy pozytywnym.

Przypomnijmy sobie słowa Jezusa, który mówił, że mamy miłować bliźniego swego jak siebie samego. Zwykle skupiamy się na pierwszej części tego przykazania. Rozumiemy, że innych ludzi powinniśmy kochać, szanować i odnosić się do nich z życzliwością, ale nie zauważamy, iż to samo przykazanie nakazuje nam podobnie traktować siebie. Pozytywny dialog wewnętrzny jest krokiem w tym kierunku.

Spróbuj teraz określić, do jakiego dialogu wewnętrznego masz większe skłonności: negatywnego czy pozytywnego? Jeśli okaże się, że w Twoich rozmowach z samym sobą przeważają opinie negatywne, przestań identyfikować się z głosem, który nieustannie Ci towarzyszy. Pomyśl, że nie Ty mówisz to wszystko, lecz ktoś inny. Za każdym razem, gdy zdasz sobie z tego sprawę, postaraj się odpowiedzieć temu komuś: „Daj spokój, powiedz mi coś miłego" albo: „Dziękuję za ocenę, a teraz podsuń jakieś wyjście", albo nawet: „Może powiesz mi to w inny sposób, mniej poważnie, bardziej zabawnie?". Zobaczysz, że Twoje myśli się zmienią. Spróbuj potem powtórzyć głośno na kilka sposobów to, co Cię szczególnie przytłacza. Baw się takim przekazem. Na przykład zdanie: „Nigdy nic nie robię dobrze" wypowiedz jak sprawozdawca sportowy, przeciągając każdą samogłoskę i zmieniając w zakończeniu wypowiedzi intonację na wysoką, tak jakby tam stał znak zapytania: „Niiiiiigdy niiiic nieeeee rooobię dooooobrze?". Albo znajdź dla takiego zdania rytmiczne i zabawne zakończenie: „Nigdy nic nie robię dobrze. To nieprawda, panie bobrze!". W ten sposób osłabisz znaczenie negatywnych ocen podsuwanych przez własne myśli. Szczególnie sądów generalizujących typu: „Ja zawsze...", „Ja nigdy...", które warto w sobie odkryć i zneutralizować.

Co innego słyszeć, a co innego słuchać...
Orson Scott Card

Dialog wewnętrzny może służyć też weryfikacji przyjętych rozwiązań. Naucz się więc pytać siebie na każdym etapie dochodzenia do celu: „Czy w moim rozumowaniu nie było błędu?", „Czy rzeczywiście planowane cele spełnią moje oczekiwania?", „Czy ich skutki będą zgodne z moimi intencjami?", „Czy nie spowodują czyjejś krzywdy?", „Czy koszty tego działania – i nie chodzi tu tylko o koszty finansowe – nie będą zbyt duże?". Jeśli wnioski okażą się dla Ciebie jasne, wyraźne i oczywiste, możesz pójść dalej.

Wnikliwości uczymy się nie tylko poprzez rozmowy z samym sobą, lecz także przez przebywanie z ludźmi, którzy mają tę cechę, i – na wzór myślicieli starożytnych – prowadzenie z nimi dialogu. Warto poszukać takiej osoby we własnym otoczeniu. Po czym ją można rozpoznać? Po cechach, które omówiliśmy już wcześniej: wewnętrznym spokoju, zaufaniu środowiska, umiejętności słuchania. A także po wiedzy, braku skłonności do krytykowania innych, rozwadze i empatii. Obserwujmy taką osobę i rozmawiajmy z nią jak najczęściej. Zwykle to wystarczy, żeby nauczyć się naśladować jej sposób postępowania i radzenia sobie z codziennymi trudnościami. Jeśli to jest nasz przyjaciel lub bliski znajomy, możemy zapytać, w jaki sposób wykształcił w sobie wnikliwość.

Narrator
Są osoby, którym te zadania nie sprawią większej trudności, zwłaszcza gdy ich wykonywaniu towarzyszy wiara w konieczność zmian. Jeśli

jednak złe emocje mocno się zakorzeniły, praca nad wzmacnianiem cech pozytywnych, w tym także wnikliwości, może trwać latami. Nie zniechęcaj się jednak, jeśli po kilkudniowej czy kilkumiesięcznej pracy nad sobą okażesz się w jakiejś sytuacji nie dość wnikliwy. Już samo uświadomienie sobie tego faktu zbliży Cię do celu.

Dotąd mówiliśmy o istocie i zaletach wnikliwości oraz sposobach jej wzmacniania. Teraz zbierzmy te wszystkie informacje, by sprawdzić, jak wnikliwość wpływa na poszczególne sfery naszego życia. Zapewne przypominasz sobie, że wszelką aktywność człowieka można sprowadzić do trzech sfer: osobistej (w tym duchowej), rodzinnej i zawodowej. Jeśli rozwijają się pomyślnie, człowiek może czuć się usatysfakcjonowany i szczęśliwy. Warto więc o to zabiegać.

Zacznijmy od sfery osobistej. Sfera osobista obejmuje relacje z innymi ludźmi i z samym sobą. Powinny być one harmonijne i nacechowane życzliwością. Czy zastanawiałeś się kiedyś, w jaki sposób postrzegasz ludzi znajdujących się w Twoim otoczeniu? A jak sam jesteś przez nich postrzegany?

Prelegent
Wszyscy jesteśmy ludźmi, ale nie ma wśród nas dwóch jednakowych osób. Różnimy się temperamentem, upodobaniami, poglądami i sposobem życia. Dlatego odmiennie odbieramy te same sytuacje. Odmiennie też na nie reagujemy. Jeśli cechuje nas wnikliwość, potrafimy zrozumieć, że to jest naturalne i zaprzestaniemy starań, by zmieniać każdego, kogo spotkamy na swojej drodze. Znacznie rzadziej będziemy ulegać pokusie pouczania i znacznie rzadziej postawa innych będzie wywoływać naszą złość. Nie będziemy oczekiwać, by ludzie byli tacy, jak nasze wyobrażenie o nich. A to spowoduje, że nie sprawią nam zawodu.

> Myślenie jest ważniejsze niż wiedza, ale nie ważniejsze niż obserwacja. JOHANN WOLFGANG VON GOETHE

Wnikliwość pozwala dostrzegać rzeczywiste przyczyny zachowania innych. Wskazywaliśmy już w wykładzie, że to bardzo ważna umiejętność. Wyobraź sobie na przykład spotkanie towarzyskie. Większość uczestników dobrze się bawi, dyskutuje, opowiada dowcipy. No właśnie, większość, ale nie wszyscy. Wśród nich jest też osoba poważna, wyraźnie unikająca rozmów. Na pierwszy rzut oka wydaje się niesympatyczna. Taka ocena jest jednak złudna i niesprawiedliwa. Może istnieje poważny powód osobliwego zachowania? Może ten człowiek ma problemy i potrzebuje pomocy? W takiej sytuacji warto wykazać się wnikliwością i znaleźć okazję do rozmowy. Mądrej rozmowy. Jak ją poprowadzić? Na pewno przede wszystkim trzeba nastawić się na słuchanie. Nie oznacza to całkowitej ciszy. Chyba nikt nie potrafiłby mówić o swoich problemach, gdyby z drugiej strony natrafiał na mur milczenia. Postarajmy się z tonu głosu, gestów, mimiki wyczuć, czego oczekuje od nas ktoś, kto opowiada o bardzo ważnej dla niego sprawie. Możemy spróbować z wyczuciem zadawać pytania. Możemy też dodawać zwroty zachęcające do mówienia i wskazujące na współodczuwanie, typu: „Rozumiem, że tak się czułeś" lub „Tak wtedy myślałeś" albo też powtarzać ostatnie zdanie z intonacją pytającą. To zachęci mówiącego do kontynuowania wypowiedzi. Możemy też, choć to jest trudniejsze, spróbować pokazać sytuację z innego punktu widzenia. Pamiętajmy jednak, by w całej rozmowie nie używać słów i zdań oceniających.

Kontakty z ludźmi nie ograniczają się jednak do wysłuchiwania innych. Każdy z nas musi rozwiązywać także problemy i sytuacje konfliktowe, w których zajdzie się sam, w czym wnikliwość odgrywa kluczową rolę. Osoba wnikliwa, o czym też już mówiliśmy, unika posługiwania się słownictwem nadmiernie emocjonalnym. Nigdy na agresję nie odpowiada agresją, bo ma to negatywne konsekwencje i utrudnia, a niekiedy nawet uniemożliwia porozumienie. Nietrudno przewidzieć reakcję człowieka, którego nazwiemy głupcem. Zapewne poczuje się dotknięty i odpowie kontratakiem. Nic dziwnego! Wyzwiska upokarzają i krzywdzą. Oceniają negatywnie osobę, a nie jej zachowanie. Co w takim razie robić? Zwrócić uwagę na błędy w konkretnym postępowaniu, nie uogólniać, a co najważniejsze – nie obrażać. Obraźliwe i gniewne słowa zamykają rzeczową dyskusję.

Przywoływana już w tym przykładzie biblijna Księga Przysłów mówi, że „język mądrych jest lekarstwem" (12:18). Czy Twój także? Czy z wypowiadanych zdań układasz drogę do pojednania, czy wznosisz barykadę? Czy wiesz, jakich sformułowań użyć, by dążyć do zgody? Czy potrafisz rezygnować ze słów, które ranią? Kontrolowanie emocji jest ważne, by nie zdominowały one naszych myśli i czynów. A co zrobić, jeśli zdarzy nam się powiedzieć coś, czego później żałujemy? Przede wszystkim przyznać się do błędu, a potem szczerze przeprosić za takie zachowanie. To jednak zapewne wiesz od dawna.

Nigdy się nie dowiemy, do jakiego stopnia nasze życie uległoby zmianie, gdyby pewne usłyszane i niezrozumiane zdania zostały zrozumiane. JOSÉ SARAMAGO

Jak bycie wnikliwym pomaga w relacjach z samym sobą?… Warto w tym miejscu wrócić na chwilę do wykładu o wartościach nadrzędnych. Bez uświadomienia sobie kierującego naszym postępowaniem systemu wartości nie osiągniemy spokoju ducha i harmonii wewnętrznej. Czy wiemy, co jest dla nas najważniejsze? Czy przyznajemy się do wartości nadrzędnych, które wpływają na nasze zachowanie? Czy są rzeczywiście nasze własne? Może niektórym zaprzeczamy, bo wydają się nam niemodne lub stały się obiektem krytyki? Dzięki wnikliwości będziemy umieli odpowiedzieć na te pytania. Będziemy też potrafili przyjrzeć się swojej osobowości, znaleźć mocne i słabe strony oraz określić własny potencjał, co – jak wielokrotnie już wspominaliśmy – stanowi podstawę budowania satysfakcjonującego życia.

Wnikliwość pozwala podejmować mądre decyzje w trudnych sprawach. Do takich niewątpliwie należy na przykład kwestia religii. W wieku kilku lat nie analizujemy, czy religia, którą praktykują rodzice, jest rzeczywiście „naszą" religią. Ale już jako nastolatki zaczynamy się zastanawiać nad poglądami wpajanymi nam od dziecka. Obserwujemy też rówieśników, którzy otwierają się na inne sposoby wiary. Rodzice, co jest zupełnie naturalne, zachęcają nas do kultywowania religii, jaką sami wyznają. Czy łatwo w tej sytuacji podjąć decyzję? Nie. Niestety, wielu młodych ludzi podejmuje ją, ale… bez wnikliwego przemyślenia. Kierują się emocjami, chęcią buntu i niezbyt dobrym zrozumieniem dorosłości.

Jak powinni się zachować? Szukać własnej prawdy czy okazać bezwzględne posłuszeństwo wobec rodziców i wartości, które oni wyznają? Trudno jednoznacznie to rozstrzygnąć. Jeszcze trudniejsza jest kwestia religii, jeśli dotyczy pary ludzi różnych wyznań, którzy planują wspólną przyszłość. Wymaga bowiem wnikliwej odpowiedzi na kilka fundamentalnych pytań, między innymi: „Czy weźmiemy ślub, a jeśli tak, to według jakiego obrządku?", „Może tylko cywilny?", „W jakim duchu wychowamy dzieci?", „Co zrobimy z tradycjami dziedziczonymi po rodzinie?". Każde z nich jest ważne, a odpowiedzi będą miały zasadniczy wpływ na życie człowieka, który stanął przed koniecznością ich udzielenia.

Istotny jest jednak nie tylko wnikliwy wgląd we własne postępowanie i motywacje, które nim kierują. Wnikliwej uwagi wymaga też nasze zdrowie. Niestety, nadal wielu ludzi je lekceważy, jakby myśleli, że problemy zdrowotne nigdy nie będą ich dotyczyły. Gdy wreszcie udają się do lekarza, jest już za późno na pełne wyleczenie. Warto poddawać się badaniom profilaktycznym, by jak najwcześniej odkryć ślady choroby, która na początku nie daje wyraźnych objawów. Warto korzystać z wiarygodnych poradników dotyczących zdrowego odżywiania i trybu życia oraz higieny osobistej, a następnie stosować zawarte w nich sugestie. To właściwy przejaw wnikliwości w stosunku do samego siebie.

W sferze rodzinnej ogromną rolę odgrywa wnikliwość polegająca na mądrym rozumieniu innych członków rodziny. Powinna się z nią łączyć łagodność i delikatność. Cechy te przydadzą się, zwłaszcza gdy ujawni się różnica poglądów na niektóre sprawy. Łagodność skutecznie hamuje agresję, jest na podorędziu, jeśli ktoś czuje się niezrozumiany i potraktowany niesprawiedliwie. Pewnie zauważyłeś, że z emocjami jest jak z ogniem. Nie ugasi się go, dolewając oliwy. W relacjach rodzinnych łagodność i delikatność często odgrywają rolę wody.

Niekiedy zapominamy, że w małżeństwie różnice zdań są nieuniknione i należy je przyjmować naturalnie. Bo czy jest możliwe, żeby dwoje ludzi zawsze i w każdej kwestii się ze sobą zgadzało? Jednak by pożycie było udane, lepiej skupić się na tym, co łączy, niż doszukiwać się tego, co dzieli. Jeśli nie przypatrujemy się sobie wzajemnie z życzliwą uwagą, nie dostrzeżemy pierwszych symptomów kryzysu lub nadciągających zagrożeń. W wypowiedziach małżeństw, które się rozstały, bardzo często powtarzają się stwierdzenia, że któraś ze stron nie zauważyła, kiedy relacje w związku zaczęły się psuć. A przecież rzadko następuje to gwałtownie. Zwykle najpierw małżonkowie przestają okazywać sobie czułość, ograniczają rozmowy do podziału obowiązków i obiadowego menu. Potem unikają wspólnego spędzania czasu i rozdzielają krąg znajomych. Po kilku miesiącach lub latach takiego stanu rzeczy łączą ich już tylko dzieci i... przekonanie o niewłaściwym wyborze partnera. To zazwyczaj niezupełnie jest prawdą.

Przyczyny oddalania się małżonków od siebie leżą dość często w problemach codzienności. Przykładem są finanse rodzinne, źródło wielu małżeńskich kłótni. Trudno zachować spokój i być zadowolonym z życia, jeśli brakuje pieniędzy na codzienne potrzeby, rachunki są niezapłacone, a wpływy niższe od oczekiwań. Człowiek wnikliwy najpierw (razem ze współmałżonkiem) zrobi bilans – zestawi dochody z wydatkami.

Przyjrzy się, co jest prawdziwym powodem braku pieniędzy. Niedostateczne zarobki czy nadmierne wydatki? Następnie zacznie planować budżet odpowiednio do przychodów. Na tym się jednak nie zatrzyma. Poszuka rozwiązań na przyszłość. Może nowa praca? Własna firma? Dodatkowe kwalifikacje? O tym zadecyduje po wnikliwym namyśle. Nie będzie bał się zbliżyć do problemu, nazwać go i dokładnie zbadać dla dobra swojego i swojej rodziny.

Narrator
Gdyby partnerzy mieli świadomość, że w związek małżeński nie wchodzą osoby idealne i potrafili od początku słuchać drugiej strony oraz rozumieć jej przygnębienie lub zdenerwowanie w niektórych sytuacjach... gdyby dociekali, co jest prawdziwą przyczyną problemów i starali się pomóc sobie wzajemnie, małżeństwo można by uratować. Im dłużej trwa kryzys, tym mniejsza szansa na zgodę. Obu stronom zaczyna się wydawać, że szczęście jest możliwe tylko z kimś innym. To jednak na ogół okazuje się złudzeniem i nowy związek po kilku latach znów przypomina ten poprzedni. Jeśli jednak partnerzy, świadomi

popełnionych już błędów, będą potrafili tym razem przyjrzeć się sobie wnikliwie i zrozumieją, że jakość związku zależy w ogromnej mierze od nich samych, znajdą skuteczny przepis na zgodne życie.

Prelegent
W sferze rodzinnej bardzo ważne są także relacje między rodzicami a dziećmi. Symptomy, że coś w nich się psuje, przypominają te wskazujące na kryzys małżeński: zanik ciepłych gestów, brak ochoty do rozmowy, unikanie wspólnego przebywania w jednym pomieszczeniu. Jak reagujesz, gdy decyzje dziecka nie są zgodne z Twoimi oczekiwaniami?... Co robisz, gdy nie potrafisz ich zaakceptować?... Dość często pierwszym odruchem jest chęć „doprowadzenia dziecka do porządku". Krzyk i agresja nie na wiele tu się jednak zdadzą. Pogłębią jedynie niezrozumienie, a dodatkowo wywołają w umyśle dziecka poczucie osamotnienia. W poszukiwaniu akceptacji prawdopodobnie zwróci się ono do środowiska rówieśniczego, a na jego wybory utracimy wpływ. Wnikliwy rodzic nie będzie podnosił głosu, postara się rozmawiać spokojnie

i z dużym wyczuciem. Sprawi, by dziecko nabrało przekonania, że ma w nim oparcie i może się do niego zwrócić w każdej, także niezwykle trudnej, sprawie. W Księdze Przysłów (16:23–24) czytamy, że: „Od serca mądrego i usta mądrzeją, przezorność na wargach się mnoży. Dobre słowa są plastrem miodu, słodyczą dla gardła, lekiem dla ciała". Zastanów się, czy w rozmowach z dziećmi używasz „dobrych słów", nacechowanych miłością i zrozumieniem, czy jesteś empatyczny. To warunek utrzymania pozytywnych relacji w rodzinie.

Pamiętajmy, że rodzina to nie tylko rodzice i dzieci, lecz także dziadkowie i dalsi krewni. Najczęściej nie mieszkają razem z nami, ale to nie znaczy, byśmy nie mieli ich obdarzać równie wnikliwym spojrzeniem. Dzięki wnikliwości będziemy umieli rozpoznawać nastroje bliskich nam osób i odgadywać kłopoty, które często chowają za uśmiechniętą twarzą, by nas nimi nie obarczać.

Narrator

Tak działa wnikliwość w sferze rodzinnej. Nie sposób jednak przecenić znaczenia tej cechy także w sferze zawodowej. W przeważającej liczbie przedsiębiorstw wiele decyzji jest wynikiem negocjacji. Prowadzący je negocjator powinien być wnikliwy, by doprowadzić do sytuacji, w której wszystkie strony wygrywają. Jak można to osiągnąć? Poprzez zadawanie wielu pytań, także samemu sobie. Odpowiedzi, czyli pozyskane dane, pomogą skonkretyzować cel rozmowy, określić pułap ustępstw i kosztów oraz ustalić, kim jest rozmówca, jaką ma osobowość i jak się z nim komunikować. Dopiero wtedy może dojść do rozmowy, której skutkiem będą decyzje biznesowe, niekiedy decydujące o strategii firmy, a więc o jej przyszłości.

Prelegent
W biznesie wnikliwość pozwala na osiągnięcie sukcesu i utrzymanie jego efektów przez dłuższy czas. Jej brak może doprowadzić firmę na skraj bankructwa. Niemożliwe? A jednak! Niebezpieczny jest zwłaszcza moment, gdy firmie się powiedzie. Zdarza się, że zarządzający nią tracą czujność i popadają w stan samozadowolenia. Zaczyna im się wydawać, że mają monopol na dobre decyzje, że znakomicie

prosperującej firmie nic nigdy nie zagrozi. Jeśli szef jest osobą wnikliwą, nie dopuści do uśpienia czujności. Czas prosperity wykorzysta na analizę sytuacji i badanie kierunków dalszego rozwoju. To nie jest sprawa pilna, to sprawa ważna. Wnikliwy szef w pierwszej kolejności będzie się zajmował sprawami ważnymi, a dopiero potem pilnymi, albo do spraw pilnych zatrudni specjalistów.

> Kto mało myśli, wiele błądzi. LEONARDO DA VINCI

Wnikliwość prezesa, dyrektora bądź właściciela firmy jest bardzo istotna także dla jej kontrahentów, ponieważ mogą liczyć na dogłębne zrozumienie swoich potrzeb. Często z tego powodu gotowi są płacić więcej za oferowane produkty bądź usługi. Wiedzą, że w ostatecznym rozrachunku to im się opłaci.

Szef, który dostrzega zalety wnikliwości, wykorzystuje tę cechę w relacjach z pracownikami, bo ma świadomość, że to oni, a nie technologie, są największym kapitałem firmy. Dlatego inwestuje w kadry, inspiruje i motywuje do działania.

Nie próbuje manipulować ludźmi za pomocą podejrzanych technik psychologicznych. Spotkania z pracownikami są dla niego tak samo istotne, jak z kontrahentami. Będzie nie tylko mówił, lecz także słuchał. Dlaczego? Ponieważ dobry szef docenia kompetencje swojej załogi i zdaje sobie sprawę, że warto się zastanowić nad każdą uwagą. W ten sposób buduje w firmie trwałe i dobre relacje, oparte na szacunku i empatii.

Pracownik, który w pracy czuje się dobrze, jest doceniany, wysłuchiwany i ma pozytywne kontakty z przełożonym, raczej nie odejdzie do konkurencji, choćby ta zaoferowała mu wyższą pensję. Czy Ty, mając odpowiedzialnego i solidnego dyrektora, odszedłbyś do innej firmy, gdyby tam zaproponowano Ci 1000 zł podwyżki? Zastanawiasz się, bo to spora kwota? A gdyby dodać, że w proponowanym Ci miejscu pracy ciągle zmienia się personel, szef jest apodyktyczny i arogancki, a podwładni nie mają nic do powiedzenia? Jeśli sam jesteś osobą wnikliwą, raczej nie zdecydujesz się na zmianę, bo przyszłość takiej firmy, a więc i Twoja, jest niepewna. Do tego ciągły stres wcześniej czy później wpłynie na Twoje zdrowie oraz przeniesie się na relacje z innymi ludźmi w czasie wolnym od pracy. Gdzieś przecież będziesz musiał odreagować.

Wnikliwość przydaje się na każdym stanowisku, nie tylko kierowniczym. Jest przejawem lojalności i uczciwości wobec firmy. Wyobraź sobie, że jesteś pracownikiem fabryki produkującej plastikowe wieszaki. Praca wydaje się banalna. Stoisz przy maszynie i pilnujesz składu mieszanki tworzywa sztucznego, z którego wytłacza się te przedmioty. Kierownik działu przychodzi do Ciebie i mówi, że ze względu na oszczędności masz zmniejszyć udział jakiegoś komponentu w mieszance. Wiesz doskonale, że to wpłynie w zasadniczy sposób na odporność wieszaka na obciążenie. Co robisz? Masz dwa wyjścia. Jedno to zachować dla siebie tę wiedzę, przyjąć postawę nazywaną „ja tu tylko sprzątam" i wykonać polecenie, nie przejmując się konsekwencjami. Jakimi? To jasne. Produkt z tej dostawy będzie gorszy niż z poprzedniej. Jeśli to się powtórzy, kontrahenci odejdą. Na rynkach zbytu szybko rozejdzie się opinia o obniżeniu jakości produkcji. I co wtedy? Firma będzie miała kłopoty albo nawet upadnie. Zapłacisz za to między innymi Ty – utratą pracy. Człowiek wnikliwy wybierze drugie wyjście. Dysponując odpowiednią wiedzą – a zwykle ludzie na stanowiskach produkcyjnych mają niezwykle szeroką wiedzę praktyczną – możesz przekazać swoje obawy, włącznie z przewidywaniami skutków złej decyzji. Istotne jest, byś potrafił to zrobić rzetelnie i spokojnie, bez wyrażania negatywnej oceny o autorach pomysłu. Jeśli chcesz być wysłuchany, nie obrażaj nikogo i nie używaj inwektyw! Jaki będzie efekt? W mądrej firmie – pozytywny: odstąpienie od wdrażania nietrafionej innowacji i poszukiwanie innego sposobu oszczędności. A jeśli mimo wszystko pomysł zostanie wdrożony? Cóż! W takim przypadku nie czekaj, szukaj innej pracy, zanim firma popadnie w tarapaty.

Narrator
Jak widzisz, pożytki z wnikliwości ujawniają się w każdej sferze życia. W osobistej wnikliwość poprawia relacje z innymi ludźmi i pozwala na dogłębne poznanie siebie. W rodzinnej wzmacnia więzi poprzez lepsze zrozumienie współmałżonka, dzieci oraz dalszych krewnych. W zawodowej ułatwia wzajemne komunikowanie się przełożonych z pracownikami oraz firm

z kontrahentami. We wszystkich sferach umożliwia skuteczniejsze rozwiązywanie problemów i podejmowanie właściwych decyzji. Do pozytywnych skutków wnikliwości zaliczyć też trzeba rozwój kreatywności, której często wymagają pracodawcy od kandydatów na różne stanowiska.

Prelegent
W potocznym rozumieniu kreatywność jest umiejętnością wyjścia poza schematyczne myślenie, na przykład znajdowania rozwiązań w sytuacjach nowych, trudnych, nieprzewidzianych. To nie jest proste, bo – jak już wiemy – nasze codzienne funkcjonowanie opiera się na nawykach. Przypomnijmy, iż oznacza to, że nie musimy za każdym razem zastanawiać się nad kolejnymi działaniami przy myciu zębów, jedzeniu czy wszelkich innych powtarzalnych czynnościach w domu i w pracy. Tu bardzo potrzebna jest rutyna. Niestety, rutyna ma swoje wady. Zawodzi w sytuacjach nietypowych i hamuje rozwój w różnych dziedzinach życia. Muzyk, architekt, badacz, przedstawiciel handlowy i specjaliści wielu innych profesji powinni wychodzić poza utarte schematy. Jest to możliwe,

pod warunkiem że cechuje ich wnikliwość. Wnikliwość, o czym kilkakrotnie już wspominaliśmy, skutkuje bowiem pytaniami, między innymi: „Po co?", „Dlaczego tak?", „Czy jest inny sposób?". Te pytania generują kreatywne odpowiedzi i często prowadzą do nowatorskich rozwiązań.

> Nigdy nie trać świętej ciekawości. Kto nie potrafi pytać, nie potrafi żyć. ALBERT EINSTEIN

Aby móc wyzwolić się od myślenia jednotorowego i wyćwiczyć wnikliwość, za którą podąży kreatywność, możesz spróbować najpierw zmieniać to, co nie niesie za sobą żadnych przykrych konsekwencji, na przykład miejsce przy stole. Zobaczysz, że inaczej spojrzysz na znaną Ci doskonale kuchnię lub jadalnię. Wybieraj też różne drogi do pracy lub szkoły. Kupuj w różnych sklepach. Przełamuj rutynę w spędzaniu czasu wolnego. A przede wszystkim oczywiście zadawaj pytania. Tak postępowali odkrywcy i wynalazcy oraz ludzie różnych profesji, których pomysły wpłynęły na rozwój firm lub całych gałęzi przemysłu. Niezwykłą kreatywnością odznaczali się dwaj wybitni przedstawiciele nowożytnej nauki: Isaac Newton i Albert Einstein. To im zawdzięczamy ważne odkrycia w wielu dziedzinach wiedzy. Newton był człowiekiem nadzwyczaj wnikliwym, szukającym ukrytych przyczyn wszelkich zjawisk, odkrywającym ich prawdziwą naturę. W czasie studiów bardzo szybko przyswoił sobie niemal całą dostępną wówczas wiedzę. Pomiędzy 21 a 27 rokiem życia opracował podstawy teorii, które w krótkim czasie zrewolucjonizowały ówczesny światopogląd naukowy. Jego odkrycia i badania wprowadziły naukę na nowe tory. Newton jest autorem praw dynamiki, dla których znalazł praktyczne zastosowanie. Zajmował się badaniami nad naturą światła, optyką, termodynamiką, akustyką, wynalazł też rachunek różniczkowy, który stanowi najważniejsze osiągnięcie nowożytnej matematyki. Mówi się, że całą naukę można podzielić na dwie epoki: przed i po Newtonie. Wszystko, co działo się przed nim, to zlepki faktów i luźne teorie, natomiast po jego odkryciach nauka zaczęła przybierać formę spójnego systemu praw i twierdzeń, z których większość jest aktualna i wykorzystywana do dziś.

Drugą postacią, o której warto wspomnieć przy rozważaniu wpływu wnikliwości na kreatywność, jest Albert Einstein, prawdopodobnie najważniejszy uczony XX wieku i najwybitniejszy umysł w historii ludzkości. Jego największym dokonaniem było opracowanie teorii względności: szczególnej i ogólnej. Zmieniły one radykalnie sposób postrzegania czasu, przestrzeni i stosunku materii do energii. Co ciekawe, Einstein do swoich wniosków doszedł jedynie poprzez rozważania teoretyczne. Ogromna wnikliwość pozwoliła mu na sformułowanie nieprawdopodobnych dla innych uczonych koncepcji, przy tworzeniu których wykorzystał jedynie własny umysł i język matematyki. Teorie Einsteina po dziś dzień przechodzą pomyślnie wszystkie empiryczne testy. Nikt nie zdołał udowodnić, iż są błędne lub nie sprawdzają się w jakichś konkretnych warunkach. Innym dokonaniem uczonego było wykazanie dwoistej natury światła, co zapoczątkowało rozwój mechaniki kwantowej. Tu dochodzimy też do innej cechy Einsteina – wytrwałości, której jest poświęcony następny wykład. Trzeba było wykazać się ogromną wytrwałością, by prowadzić badania wbrew wszystkim, nawet wbrew sobie – bo i on uważał niezwykłość swoich ustaleń za tak wielką, że niekiedy powątpiewał w ich wartość. Doprowadził jednak rozważania do końca, a potem przekonał do nich cały świat. W 1921 roku dostał Nagrodę Nobla. Kandydował wtedy do niej po raz... dziesiąty!

Warto iść drogą wielkich myślicieli. Jak możesz ich naśladować? Zastanawiaj się nad przyczynami zdarzeń i szukaj nowych dróg. Staraj się być nowatorski i odkrywczy w każdej dziedzinie. Jeśli Twoje pomysły nie krzywdzą nikogo, nie odrzucaj ich jedynie dlatego, że nikt wcześniej tego nie wymyślił! Gdyby najsłynniejsi tego świata tak zrobili, nie byłoby ani wielkich prac Leonarda da Vinci, ani teorii względności Einsteina, ani żadnych innych ważnych odkryć i wynalazków człowieka.

Narrator
Unoszenie się na falach życia jest dobre, gdy nie zależy nam na kierunku, w jakim płyniemy. Jeśli jednak chcemy osiągać wytyczone przez siebie cele, warto zacząć sterować każdym kolejnym dniem. Mamy w życiu dwie możliwości. Możemy ślepo podążać za innymi,

ani razu nie pytając: „dlaczego?". Wtedy jednak nasze życie będzie przypominało myślenie Latarnika (z *Małego Księcia* Antoine'a de Saint-Exupery'ego), który codziennie wieczorem zapalał lampę, ponieważ taki otrzymał rozkaz, lub Geografa z tej samej powiastki, który nie jeździł po świecie, bo był na to zbyt ważny. Postępując w ten sposób, ryzykujemy, że nasze życie będzie znacznie odbiegało od marzeń, jakie snuliśmy w młodości. Druga możliwość to kierowanie się wnikliwością. Poznawanie nowej wiedzy. Uważne przyglądanie się wszystkiemu, z czym się stykamy. Inspirowanie się wielkimi odkrywcami, wynalazcami, artystami oraz zwyczajnymi ludźmi o nadzwyczajnej wnikliwości. Wyrobienie w sobie nawyku powracania myślami do ważnych rozmów, lektur i programów. A przede wszystkim wykształcenie umiejętności słuchania i rozumienia innych. Co zyskamy dzięki takiemu podejściu do życia?

Pokochamy zdobywanie i pogłębianie wiedzy. To, co kiedyś było męczącym obowiązkiem, na który nie znajdowaliśmy czasu, teraz stanie się naszą pasją. Jeśli jakiś temat okaże się dla nas ważny, będziemy chcieli go zgłębić. Dzięki nabytej wiedzy zaczniemy działać i zachowywać się pewniej, a podejmowanie decyzji będzie przychodziło nam coraz łatwiej. Codziennością stanie się staranne przygotowywanie do każdego spotkania i na każdą okoliczność. W ten sposób wyrazimy szacunek naszym partnerom – w pracy i życiu prywatnym, a także samym sobie. Planując działania i przygotowując różne scenariusze rozwoju sytuacji, będziemy w mniejszym stopniu narażeni na nieprzyjemne niespodzianki. Pozytywne skutki odczuje również otoczenie. Zaczniemy lepiej rozumieć współpracowników i krewnych. Możemy stać się po prostu lepszymi i szczęśliwszymi ludźmi.

Czy przekonuje Cię to, jak cenną cechą jest wnikliwość?... Wnikliwość, w której mądrość spotyka się ze zrozumieniem i dogłębnym poznaniem? Czy chcesz być osobą, którą charakteryzuje wiedza, rozwaga, umiejętność słuchania, brak skłonności do osądzania innych oraz empatia? Jeśli tak, nie krocz bezmyślnie po cudzych śladach. Dowiedz się, dlaczego ktoś wybrał właśnie taką, a nie inną drogę. Zobacz, w jaką stronę zmierzały rozważania myślicieli, w jakich miejscach odkrywcy i wynalazcy trafiali na największe rafy, kiedy i w jakich okolicznościach osiągali sukcesy, co traktowali jak porażkę. I jak powiedział amerykański psycholog Kenny Ausubel: „Używaj swoich zdolności, jakiekolwiek są". Dzięki wnikliwości możesz wejść na inny poziom życia i sprawić, by cechowała je harmonia. Jeśli wypracujesz w sobie tę cechę, masz szansę stać się ekspertem od rozwiązywania zadań, jakie postawi przed Tobą przyszłość.

Część utrwalająca

Porady
1. W codziennym życiu warto wykorzystywać wiedzę zdobywaną poprzez przyglądanie się światu i celowe uczenie się.
2. Zapamiętaj, że osobę wnikliwą charakteryzuje wiedza, rozwaga, umiejętność słuchania, brak skłonności do osądzania innych oraz empatia.
3. Staraj się nie sądzić innych po pozorach.
4. Demaskuj stereotypy i nie poddawaj się im.
5. Dociekaj przyczyn sukcesów i porażek, by znaleźć punkt wyjścia do dalszego działania.
6. Poszukuj prawdy.
7. Naucz się słuchać ludzi. Staraj się dostrzegać rzeczywiste motywy ich działania.
8. Ucz się z dobrych źródeł i wykorzystuj tę wiedzę do bieżących działań. Szukaj odpowiednich książek i mentorów.
9. Stwórz odpowiednią atmosferę dla rozwoju wnikliwości. Zrezygnuj z działań zbyt pospiesznych, wykonywanych ciągłą pod presją lub w strachu.

10. Aby być wnikliwym, wykorzystaj siłę dialogu wewnętrznego. Staraj się, by był pozytywny.
11. Wykorzystuj wnikliwość we wszystkich sferach życia.

Quiz

Znalezienie odpowiedzi na pytania dotyczące wykładu pomoże Ci zapamiętać i utrwalić zawarte w nim treści. Postaraj się odpowiadać samodzielnie. Jeśli jednak okaże się, że na któreś z pytań nie znasz odpowiedzi, zajrzyj do tekstu wykładu lub przesłuchaj go jeszcze raz. Odnajdziesz tam potrzebne informacje. W pytaniach otwartych posłuż się swoją wiedzą i doświadczeniem. Klucz z odpowiedziami znajdziesz na s. 109.

1. **Połącz nazwiska słynnych postaci z ich dokonaniami.**

Cai Lun	dokonanie pierwszego przeszczepu serca
Antonio Meucci	zbudowanie pierwowzoru komputera
Howard Aiken	opracowanie komunikacji międzykontynentalnej opartej na satelitach
Alexander Fleming	wynalezienie papieru
Arthur Ch. Clarke	odkrycie penicyliny
Christiaan Barnard	wynalezienie aparatu do przesyłania głosu

2. Mówi się, że ludzie zbyt często posługują się stereotypami w postrzeganiu świata. Co nazywamy stereotypami? Uzupełnij wykropkowane miejsca odpowiednimi określeniami:

Stereotypami nazywamy ....
i ...., powstające bez udziału
....,
najczęściej ...., powszechnie
funkcjonujące w .... i przejmowane od innych ludzi.

3. Jednym z ważnych hebrajskich słów jest *sechel*. Co ono oznacza?
   a) rutynę i przyzwyczajenie
   b) wiedzę i doświadczenie
   c) przekonania i poglądy
   d) wnikliwość i roztropność

4. **Greckie słowo *epignosis* ma związek z rozumieniem świata, tematu czy problemu. Co dokładnie ono oznacza?**
   a) walkę ze stereotypami
   b) wiarę w siebie
   c) radość życia
   d) dokładne poznanie

5. **Jednym z najważniejszych praw obowiązujących w hinduizmie jest prawo *ahinsy*. Co ono głosi?**
   a) zakaz krzywdzenia jakiejkolwiek istoty żywej
   b) konieczność opuszczenia domu przez młodego człowieka
   c) sposób nauki w niektórych krajach Wschodu
   d) zasady budowy domu

6. **Kim był Konfucjusz?**
   a) poetą
   b) wynalazcą papieru
   c) chińskim filozofem
   d) chińskim cesarzem

7. **Kto jest znany z tego, że po mistrzowsku wykorzystywał do nauczania formę dialogu?**
   a) Konfucjusz
   b) nauczyciele średniowieczni
   c) Sokrates
   d) Archimedes

8. **Rozróżniamy dwa rodzaje dialogu wewnętrznego. Wpisz ich nazwy:**
   a) dialog ....
   b) dialog ....

9. **Isaak Newton sformułował:**
   a) nową teorię filozoficzną
   b) zasady dynamiki
   c) kodeks honorowy
   d) prawo ciążenia

10. **W jakiej dziedzinie Albert Einstein otrzymał Nagrodę Nobla?**
    a) fizyka
    b) chemia
    c) fizjologia
    d) Pokojowa Nagroda Nobla

11. **Kto jest autorem powiedzenia: „Nigdy nie trać świętej ciekawości. Kto nie potrafi pytać, nie potrafi żyć"?**
    a) Konfucjusz
    b) Arystoteles
    c) Leonardo da Vinci
    d) Albert Einstein

Ćwiczenie 1

Wnikliwość to dokładne badanie, zgłębianie i wszechstronne analizowanie sytuacji, by dokonać świadomego wyboru postępowania. Zastanów się nad swoim wyborem zawodu. W lewej kolumnie (pod +) wypisz jak najwięcej argumentów, które sprawiły się, że Twoja decyzja była właśnie taka. W prawej kolumnie (pod –) zamieść argumenty, które przemawiały przeciwko Twojej decyzji. Jak oceniasz każdy z tych argumentów w tej chwili? Postaw obok każdego powodu odpowiednio + lub –.

+	–
. . . .	. . . .
. . . .	. . . .
. . . .	. . . .
. . . .	. . . .
. . . .	. . . .
. . . .	. . . .

Jeśli wybór zawodu jest dopiero przed Tobą, wykorzystaj to ćwiczenie, by dokonać dobrego wyboru.

Ćwiczenie 2

Wnikliwość jest jedną z ważnych cech kluczowych człowieka. Prześledź tekst wykładu (lub przesłuchaj go ponownie) i wynotuj kilka wymienionych tam korzyści, jakie może przynieść rozwinięcie tej cechy. Obok każdego przykładu dopisz sfery (osobistą, rodzinną lub/i zawodową), w których będzie to najbardziej widoczne. Możesz wymienić dowolną liczbę sfer – jedną, dwie, a nawet trzy. Przeanalizuj swoje wpisy i zastanów się, co z nich wynika.

Ćwiczenie 3

Pisanie osobistego pamiętnika lub bloga z wielu względów jest bardzo przydatne. Możesz dzięki temu utrwalać wydarzenia ze swego życia. Możesz też zapisywać swoje przemyślenia na różne tematy, opisywać emocje swoje i innych ludzi. Możesz prowadzić dialog wewnętrzny. Codzienne zapiski pozwalają rozwijać wnikliwość. Poniżej opisz dzisiejszy dzień: najważniejsze wydarzenia oraz emocje, jakie im towarzyszyły. Podkreśl te zdarzenia, który oceniasz jako pozytywne.

....

....

....

....

....

....

Ćwiczenie 4

Cechy kluczowe, a więc i wnikliwość, możemy wzmocnić przez naśladowanie osób, które je posiadają. Wypisz imiona i nazwiska pięciu osób znanych Ci z historii, które Twoim zdaniem mogłyby być wzorem wnikliwości. Możesz przywołać postacie wymienione w wykładzie. Do tej listy dopisz kilka osób ze swojego środowiska. Mogą być to zarówno członkowie Twojej rodziny, jak i znajomi lub koledzy z pracy. Zastanów się, dlaczego uważasz ich za wnikliwych i w jaki sposób możesz to wykorzystać do rozwijania własnej wnikliwości.

Postacie historyczne

. . . .

. . . .

. . . .

. . . .

. . . .

Osoby z własnego środowiska

Ćwiczenie 5

Życie każdego z nas składa się z decyzji. Podejmujemy je codziennie w wielu sprawach. Mają przeróżną wagę. Niektóre wpływają tylko na to, co będziemy robić w ciągu najbliższej godziny, dnia, tygodnia. Inne mogą wpłynąć istotnie na bieg całego naszego życia. Zastanów się, jaką istotną decyzję będziesz musiał podjąć w najbliższym czasie. Sformułuj kilka pytań, które pomogą Ci to zrobić.

Problem wymagający podjęcia decyzji

....

....

....

....

....

....

Pytania pomocnicze

Ćwiczenie 6

Wnikliwości można się uczyć, poznając historię własnej rodziny. Do którego pokolenia znasz imiona i nazwiska osób z Twojej najbliższej rodziny? Spróbuj przygotować drzewo genealogiczne sięgające do prapradziadków. Przy każdej osobie wpisz lata, w których żyła, oraz podaj, czym się zajmowała, jeśli uda Ci się dotrzeć do odpowiednich informacji. Może historia rodziny okaże się dla Ciebie fascynująca? Może będziesz chciał zgłębić ją jeszcze dokładniej?

Przemyślenia

Poniżej są zamieszczone fragmenty wykładu, które mogą stanowić materiał do osobistych przemyśleń. Pod każdym znajdziesz krótkie zaproszenie do dyskusji i miejsce na komentarz. Unikaj ogólników. Staraj się, by Twoja wypowiedź była jak najbardziej konkretna i konstruktywna.

Inspiracja 1

Tym, co przede wszystkim wyróżnia wnikliwość, jest celowa rezygnacja z posługiwania się rutyną i stereotypami. Nasz umysł ma zwyczaj porównywać wszystko, co dostrzegamy, z tym, co już zna, i na tej podstawie wyciąga wnioski. Działa podobnie jak komputer. Dostaje dane, analizuje i podaje wynik. Ale człowiek to nie komputer! Mózg człowieka może więcej! Jest bardziej wszechstronny i nie musi funkcjonować zgodnie z oprogramowaniem, co oznacza, że ma możliwość wychodzenia poza wyuczone wzorce myślowe, jakimi są stereotypy.

Stereotypy zazwyczaj mają działanie niekorzystne. Pomyśl nad swoim zachowaniem. Czy Tobą także rządzą stereotypy? Jeśli tak, to jakich osób dotyczą: ludzi innej religii? innej rasy? innej nacji? biednych? bogatych? słabo wykształconych? A może wykonujących jakiś określony zawód? Wyraź swoją opinię na ten temat.

Inspiracja 2

Biblijna Księga Przysłów w wielu miejscach zaleca rozwagę w mowie i działaniu. Podkreśla wagę tego, by nauczyć się mówić wtedy, gdy nas o to proszą, i milczeć, jeśli rozmowa miałaby być pustą gadaniną. Człowiek wnikliwy myśli o konsekwencjach swoich słów. Zanim coś powie, zastanowi się, jak może to zostać odebrane. Jego intencją nie jest upokorzenie lub skrzywdzenie kogokolwiek. Rady, których udziela, są oparte na wiedzy, przemyśleniach i głębokim zastanowieniu, są też pozbawione emocji, które byłyby złym doradcą.

Prawdopodobnie zgodzisz się z tymi słowami. Być może nawet uznasz je za oczywiste. W praktyce często jest jednak inaczej. Czy w każdej sytuacji potrafisz przewidzieć konsekwencje swoich słów? Czy potrafisz sobie wyobrazić, co czuje osoba, do której je kierujesz? Co czujesz, gdy udzielasz rady? Wyższość wynikającą z umiejętności znalezienia wyjścia z danej sytuacji, czy empatię do osoby potrzebującej pomocy? Raczej proponujesz jej jakieś rozwiązanie, czy też je narzucasz? Która postawa według Ciebie jest częstsza? Która jest lepsza? Dlaczego?

Inspiracja 3

Trudno rozwijać wnikliwość, jeśli działamy w ciągłym pędzie, pod presją innych ludzi lub strachu. Potrzebny jest spokój i odpowiednia atmosfera. Na początek uwolnijmy się od zbędnych obciążeń. Nadmiar pracy i zmęczenie są wrogami wnikliwości. Jeśli weźmiemy na siebie zbyt dużo obowiązków, nie będziemy mogli wywiązać się z nich dobrze. Prawdopodobnie będziemy widzieć sprawy, z którymi się zetkniemy, jedynie powierzchownie. Zdobędziemy dwie lub trzy przesłanki i na tej podstawie sformułujemy opinię, wytyczymy kolejny cel lub stworzymy plan działania.

W naszych czasach nadmierne obciążenie stało się normą. Dążąc do materialnego zaspokojenia potrzeb swoich i rodziny, w szaleńczym tempie gnamy przez życie. Jak w takim świecie znaleźć miejsce na wnikliwość? Czy można to zrobić, nie narażając swoich bliskich na obniżenie poziomu życia? Czy warto zapłacić zaniżonym standardem za zyski, które może przynieść wnikliwość – spokój, bliskość z rodziną, realizowanie swoich pasji?

Inspiracja 4

Dialog był niezwykle cenny dla Sokratesa, a także Platona, Arystotelesa i wielu innych myślicieli. Pozwala on ciekawie i dynamicznie przedstawiać swoje zdanie oraz pomaga rozmówcy wysnuć własne wnioski. Sokrates wykorzystywał dialog do nauczania. Toczył rozmowy na ulicy, by naprowadzać uczniów na poprawne rozwiązania, a właściwie zachęcał ich w ten sposób do wspólnego szukania prawdy. Myśliciel był przekonany, że każdy nosi w swoim wnętrzu pełnię wiedzy, potrzebuje jedynie kogoś, kto wydobędzie ją na zewnątrz.

Na czym głównie polega pozytywne oddziaływanie dialogu? Jakie warunki musi spełniać, by miał funkcję kształcącą? Czy konieczne jest, by jedna ze stron wiedziała więcej niż druga? Jakie znaczenie w rozmowie odgrywają emocje?

. . . .

. . . .

. . . .

Inspiracja 5

Osoba wnikliwa unika posługiwania się słownictwem nadmiernie emocjonalnym. Nigdy na agresję nie odpowiada agresją, bo ma to negatywne konsekwencje i utrudnia, a niekiedy nawet uniemożliwia porozumienie. Nietrudno przewidzieć reakcję człowieka, jeśli nazwiemy go głupcem. Zapewne poczuje się dotknięty i odpowie kontratakiem. Nic dziwnego! Wyzwiska upokarzają i krzywdzą. Oceniają negatywnie osobę, a nie jej zachowanie.

Agresja i wyzwiska są oceniane przez większość ludzi źle, a jednak obserwujemy je w niemal wszystkich środowiskach. Czy zdarzyło Ci się zachować w ten sposób? Jeśli tak, przypomnij sobie jedno z takich zachowań. Co było jego przyczyną? Jak to oceniasz z perspektywy czasu? Czy dziś zachowałbyś się tak samo? Czy masz swój sposób na zapanowanie nad negatywnymi emocjami w stosunku do innych ludzi? Czy może powinieneś dopiero się tego nauczyć?

. . . .

Inspiracja 6

Gdyby partnerzy mieli świadomość tego, że w związek małżeński nie wchodzą osoby idealne, i potrafili od początku słuchać drugiej strony oraz rozumieć jej przygnębienie lub zdenerwowanie w niektórych sytuacjach... gdyby dociekali, co jest prawdziwą przyczyną problemów i starali się pomóc sobie wzajemnie, małżeństwo można by uratować. Im dłużej trwa kryzys, tym mniejsza szansa na zgodę. Obu stronom zaczyna się wydawać, że szczęście jest możliwe tylko z kimś innym.

Obecnie związki rozpadają się i tworzą bardzo szybko. Jak myślisz, co jest tego przyczyną? Dlaczego tak wielu nam brakuje chęci i cierpliwości, aby zrozumieć najbliższego człowieka? Może nadmiernie patrzymy na dobro własnej osoby? Czy potrafimy jeszcze patrzeć na dobro drugiego człowieka? Czy dopasowanie się do niego oznacza rezygnowanie z siebie? Co sam mógłbyś zrobić, by Twój związek był dobry i trwały?

. . . .

Rozwiązanie quizu ze s. 79
1. Cai Lun – wynalezienie papieru
   Antonio Meucci – wynalezienie aparatu do przesyłania głosu
   Howard Aiken – zbudowanie pierwowzoru komputera
   Alexander Fleming – odkrycie penicyliny
   Arthur Ch. Clarke – opracowanie komunikacji międzykontynentalnej opartej na satelitach
   Christiaan Barnard – pierwszy przeszczep serca
2. Stereotypami nazywamy przekonania i poglądy, powstające bez udziału świadomości, najczęściej negatywne, powszechnie funkcjonujące w społeczeństwie i przejmowane od innych ludzi.
3. d – wnikliwość i roztropność
4. d – dokładne poznanie
5. a – zakaz krzywdzenia jakiejkolwiek istoty żywej
6. c – chińskim filozofem
7. c – Sokrates
8. pozytywny, negatywny
9. b – zasady dynamiki
10. a – fizyka
11. d – Albert Einstein

Notatki

Notatki

Notatki

Słowniczek

ahinsa
W hinduizmie zakaz krzywdzenia jakiejkolwiek istoty żywej (dotyczy i ludzi, i zwierząt).

asertywność
Umiejętność otwartego wyrażania własnego zdania, przyjmowania krytyki oraz odmawiania bez okazywania uległości i bez ranienia innych.

dialog wewnętrzny
Rozmowa z samym sobą, kluczowe narzędzie pracy nad samorozwojem. Może być negatywny lub pozytywny.

empatia
Umiejętność wczucia się w stan emocjonalny innych ludzi.

entuzjazm
Stan emocjonalnego zaangażowania, synonim zapału, gorliwości, żarliwości, wiąże się z nim także determinacja, motywacja do działania, świadomość życiowego celu oraz pasja.

epignosis
W języku greckim „dokładne poznanie". Synonim wiedzy wynikającej z pełnego oglądu prawdziwej natury rzeczy i zdolność szerokiego widzenia świata, ludzi i zdarzeń.

fizjologiczne potrzeby
Potrzeby wynikające z czynności życiowych, których zaspokojenie jest niezbędne do przeżycia, jak np. potrzeby: jedzenia, picia, odpoczynku, seksualne. Pojęcie to rozpropagował A. Maslow.

intuicja
Poznanie wewnętrzne, pozarozumowe, przeczucie. Przejawia się nagłym olśnieniem, przebłyskiem, w którym poznaje się rozwiązanie, prawdę.

kompleks
Wewnętrzne przekonanie, że jest się kimś gorszym niż inni ludzie. Kompleksy wywierają silny, najczęściej negatywny, wpływ na funkcjonowanie jednostki.

kreatywność
Pomysłowość, zdolność tworzenia, realizowania oryginalnych pomysłów. Przejawia się w różnych aspektach życia.

labirynt
Budowla o skomplikowanym układzie korytarzy w celu utrudnienia dojścia do grobowca, skarbca lub innego strzeżonego miejsca. Przenośnie: trudna sytuacja życiowa.

mądrość (roztropność)
Wiedza, inteligencja i doświadczenie; działanie z namysłem, rozwagą. Umiejętność łączenia teorii z praktyką.

motywacja
Impuls do podjęcia działania; niewzmacniana wygasa.

negocjacje
Rokowania, rozmowy mające na celu osiągnięcie kompromisu w jakiejś sprawie. Najwyżej cenione zakończenie negocjacji to „win-win", czyli wygrana obu stron.

odwaga
Wypowiadanie się i postępowanie zgodnie z własnymi przekonaniami, nawet jeśli to jest niebezpieczne, trudne lub niewygodne. Pozwala na podejmowanie niepopularnych działań.

osobowość
Zbiór cech, które decydują o tym, jak myślimy, jak odczuwamy, jak traktujemy siebie i innych, jak oceniamy wszystko, z czym zetkniemy się w ciągu naszego życia.

pasja
Rodzaj zainteresowania, któremu poświęcamy większość wolnego czasu, zajmujemy się nim z przyjemnością, nawet jeśli nie przynosi wymiernego zysku.

sechel
W języku hebrajskim słowo oznaczające wnikliwość i roztropność jednocześnie.

sfery życia
Wyróżniamy trzy sfery: osobistą (wszystko, poza pracą zawodową i życiem rodzinnym; przede

wszystkim duchowość, a także działalność społeczna, zainteresowania i pasje), rodzinną (relacje z małżonkiem i dziećmi oraz rodzicami, rodzeństwem i dalszymi krewnymi) i zawodową (to, co skupia się wokół naszej pracy i zarobkowania). Sfery przenikają się wzajemnie. Dbanie o równoczesny rozwój wszystkich sfer pozwala osiągnąć prawdziwe szczęście. Warunkiem równomiernego i niezakłóconego rozwoju każdej ze sfer jest uwzględnianie w swoich poczynaniach systemu wartości.

stereotyp
Przekonanie i pogląd zbudowane bez udziału świadomości, najczęściej negatywne, powszechnie funkcjonujące w społeczeństwie i przejmowane od innych ludzi. Często jest to niesprawdzony i niesprawiedliwy osąd.

świadomość
Stan psychiczny, w którym człowiek zdaje sobie sprawę z procesów wewnętrznych oraz zjawisk zachodzących w środowisku zewnętrznym.

temperament
Cechy uwarunkowane fizjologicznie i decydujące o tym, jak reagujemy na otoczenie.

uważność
Skupianie się na każdej czynności, którą w danym momencie wykonujemy, czy jest to budowanie prototypu nowego samochodu, czy tylko jego mycie.

wartość nadrzędna
Wartość usytuowana w najwyższym miejscu hierarchii wartości. Może być ich kilka. Najważniejszą z nich nazywamy nadwartością.

wedy
(w sanskrycie weda oznacza: wiedza) – zbiór starożytnych tekstów hinduskich, z których najstarsze datuje się na XII w. p.n.e. Składają się z czterech ksiąg. Są to: *Rygweda* (najstarsza), *Samaweda*, *Jadżurweda* i *Atharvaweda*.

wiara w siebie
Mocne przeświadczenie, rodzaj przeczucia, że to, co zamierzamy zrobić lub już realizujemy,

przyniesie w bliższej lub dalszej przyszłości oczekiwane efekty, że podjęte działanie ma sens. To przeświadczenie nie jest bezpodstawne, ale opiera się na poczuciu własnej wartości.

wnikliwość
Umiejętność świadomego docierania do sedna rzeczy i patrzenia daleko poza to, co jest widoczne na pierwszy rzut oka.

wścibstwo
Chęć poznania faktów z życia innego człowieka – o których nie chce on mówić – dla zaspokojenia zwykłej ciekawości.

wytrwałość
Konsekwentne dążenie do celu połączone z determinacją w pokonywaniu przeszkód.

Źródła i inspiracje

Albright M., Carr C., *Największe błędy menedżerów*, Warszawa 1997.

Allen B.D., Allen W.D., *Formuła 2+2. Skuteczny coaching*, Warszawa 2006.

Anderson Ch., *Za darmo: przyszłość najbardziej radykalnej z cen*, Kraków 2011.

Anthony R., *Pełna wiara w siebie*, Warszawa 2005.

Ariely D., *Zalety irracjonalności. Korzyści z postępowania wbrew logice w domu i pracy*, Wrocław 2010.

Bates W.H., *Naturalne leczenie wzroku bez okularów*, Katowice 2011.

Bettger F., *Jak umiejętnie sprzedawać i zwielokrotnić dochody*, Warszawa 1995.

Blanchard K., Johnson S., *Jednominutowy menedżer*, Konstancin-Jeziorna 1995.

Blanchard K., O'Connor M., *Zarządzanie poprzez wartości*, Warszawa 1998.

Bogacka A.W., *Zdrowie na talerzu*, Białystok 2008.

Bollier D., *Mierzyć wyżej. Historie 25 firm, które osiągnęły sukces, łącząc skuteczne zarządzanie z realizacją misji społecznych*, Warszawa 1999.

Bond W.J., *199 sytuacji, w których tracimy czas, i jak ich uniknąć*, Gdańsk 1995.

Bono E. de, *Dziecko w szkole kreatywnego myślenia*, Gliwice 2010.

Bono E. de, *Sześć kapeluszy myślowych*, Gliwice 2007.

Bono E. de, *Sześć ram myślowych*, Gliwice 2009.

Bono E. de, *Wodna logika. Wypłyń na szerokie wody kreatywności*, Gliwice 2011.

Bossidy L., Charan R., *Realizacja. Zasady wprowadzania planów w życie*, Warszawa 2003.

Branden N., *Sześć filarów poczucia własnej wartości*, Łódź 2010.

Branson R., *Zaryzykuj – zrób to! Lekcje życia*, Warszawa-Wesoła 2012.

Brothers J., Eagan E, *Pamięć doskonała w 10 dni*, Warszawa 2000.

Buckingham M., *To jedno, co powinieneś wiedzieć... o świetnym zarządzaniu, wybitnym przywództwie i trwałym sukcesie osobistym*, Warszawa 2006.

Buckingham M., *Wykorzystaj swoje silne strony. Użyj dźwigni swojego talentu*, Warszawa 2010.

Buckingham M., Clifton D.O., *Teraz odkryj swoje silne strony*, Warszawa 2003.

Butler E., Pirie M., *Jak podwyższyć swój iloraz inteligencji?*, Gdańsk 1995.

Buzan T., *Mapy myśli*, Łódź 2008.

Buzan T., *Pamięć na zawołanie*, Łódź 1999.

Buzan T., *Podręcznik szybkiego czytania*, Łódź 2003.

Buzan T., *Potęga umysłu. Jak zyskać sprawność fizyczną i umysłową: związek umysłu i ciała*, Warszawa 2003.

Buzan T., Dottino T., Israel R., *Zwykli ludzie – liderzy. Jak maksymalnie wykorzystać kreatywność pracowników*, Warszawa 2008.

Carnegie D., *I ty możesz być liderem*, Warszawa 1995.

Carnegie D., *Jak przestać się martwić i zacząć żyć*, Warszawa 2011.

Carnegie D., *Jak zdobyć przyjaciół i zjednać sobie ludzi*, Warszawa 2011.

Carnegie D., *Po szczeblach słowa. Jak stać się doskonałym mówcą i rozmówcą*, Warszawa 2009.

Carnegie D., Crom M., Crom J.O., *Szkoła biznesu. O pozyskiwaniu klientów na zawsze*, Warszawa 2003.

Cialdini R., *Wywieranie wpływu na ludzi*, Gdańsk 1998.

Clegg B., *Przyspieszony kurs rozwoju osobistego*, Warszawa 2002.

Cofer C.N., Appley M.H., *Motywacja: teoria i badania*, Warszawa 1972.

Cohen H., *Wszystko możesz wynegocjować. Jak osiągnąć to, co chcesz*, Warszawa 1997.

Covey S.R., *3. rozwiązanie*, Poznań 2012.

Covey S.R., *7 nawyków skutecznego działania*, Poznań 2007.

Covey S.R., *8. nawyk*, Poznań 2006.

Covey S.R., Merrill A.R., Merrill R.R., *Najpierw rzeczy najważniejsze*, Warszawa 2007.

Craig M., *50 najlepszych (i najgorszych) interesów w historii biznesu*, Warszawa 2002.

Csikszentmihalyi M., *Przepływ: psychologia optymalnego doświadczenia*, Wrocław 2005.

Davis R.C., Lindsmith B., *Ludzie renesansu: umysły, które ukształtowały erę nowożytną*, Poznań 2012.

Davis R.D., Braun E.M., *Dar dysleksji. Dlaczego niektórzy zdolni ludzie nie umieją czytać i jak mogą się nauczyć*, Poznań 2001.

Dearlove D., *Biznes w stylu Richarda Bransona. 10 tajemnic twórcy megamarki*, Gdańsk 2009.

DeVos D., *Podstawy wolności. Wartości decydujące o sukcesie jednostek i społeczeństw*, Konstancin-Jeziorna 1998.

DeVos R.M., Conn Ch.P., *Uwierz! Credo człowieka czynu, współzałożyciela Amway Corporation, hołdującego zasadom, które uczyniły Amerykę wielką*, Warszawa 1994.

Dixit A.K., Nalebuff B.J., *Myślenie strategiczne. Jak zapewnić sobie przewagę w biznesie, polityce i życiu prywatnym*, Gliwice 2009.

Dixit A.K., Nalebuff B.J., *Sztuka strategii. Teoria gier w biznesie i życiu prywatnym*, Warszawa 2009.

Dobson J., *Jak budować poczucie wartości w swoim dziecku*, Lublin 1993.

Doskonalenie strategii (seria Harvard Bussines Review), praca zbiorowa, Gliwice 2006.

Dryden G., Vos J., *Rewolucja w uczeniu*, Poznań 2000.

Dyer W.W., *Kieruj swoim życiem*, Warszawa 2012.

Dyer W.W., *Pokochaj siebie*, Warszawa 2008.

Edelman R.C., Hiltabiddle T.R., Manz Ch.C., *Syndrom miłego człowieka*, Gliwice 2010.

Eichelberger W., Forthomme P., Nail F., *Quest. Twoja droga do sukcesu. Nie ma prostych recept na sukces, ale są recepty skuteczne*, Warszawa 2008.

Enkelmann N.B., *Biznes i motywacja*, Łódź 1997.

Eysenck H. i M., *Podpatrywanie umysłu. Dlaczego ludzie zachowują się tak, jak się zachowują?*, Gdańsk 1996.

Ferriss T., *4-godzinny tydzień pracy. Nie bądź płatnym niewolnikiem od 7.00 do 17.00*, Warszawa 2009.

Flexner J.T., Waschington. *Człowiek niezastąpiony*, Warszawa 1990.

Forward S., Frazier D., *Szantaż emocjonalny: jak obronić się przed manipulacją i wykorzystaniem*, Gdańsk 2011.

Frankl V.E., *Człowiek w poszukiwaniu sensu*, Warszawa 2009.

Fraser J.F., *Jak Ameryka pracuje*, Przemyśl 1910.

Freud Z., *Wstęp do psychoanalizy*, Warszawa 1994.

Fromm E., *Mieć czy być*, Poznań 2009.

Fromm E., *Niech się stanie człowiek. Z psychologii etyki*, Warszawa 2005.

Fromm E., *O sztuce miłości*, Poznań 2002.

Fromm E., *O sztuce słuchania. Terapeutyczne aspekty psychoanalizy*, Warszawa 2002.

Fromm E., *Serce człowieka. Jego niezwykła zdolność do dobra i zła*, Warszawa 2000.

Fromm E., *Ucieczka od wolności*, Warszawa 2001.

Fromm E., *Zerwać okowy iluzji*, Poznań 2000.

Galloway D., *Sztuka samodyscypliny*, Warszawa 1997.

Gardner H., *Inteligencje wielorakie – teoria w praktyce*, Poznań 2002.

Gawande A., *Potęga checklisty: jak opanować chaos i zyskać swobodę w działaniu*, Kraków 2012.

Gelb M.J., *Leonardo da Vinci odkodowany*, Poznań 2005.

Gelb M.J., Miller Caldicott S., *Myśleć jak Edison*, Poznań 2010.

Gelb M.J., *Myśleć jak geniusz*, Poznań 2004.

Gelb M.J., *Myśleć jak Leonardo da Vinci*, Poznań 2001.

Giblin L., *Umiejętność postępowania z innymi...*, Kraków 1993.

Girard J., Casemore R., *Pokonać drogę na szczyt*, Warszawa 1996.

Glass L., *Toksyczni ludzie*, Poznań 1998.

Godlewska M., *Jak pokonałam raka*, Białystok 2011.

Godwin M., *Kim jestem? 101 dróg do odkrycia siebie*, Warszawa 2001.

Goleman D., *Inteligencja emocjonalna*, Poznań 2002.

Gordon T., *Wychowywanie bez porażek szefów, liderów, przywódców*, Warszawa 1996.

Gorman T., *Droga do skutecznych działań. Motywacja*, Gliwice 2009.

Gorman T., *Droga do wzrostu zysków. Innowacja*, Gliwice 2009.

Greenberg H., Sweeney P., *Jak odnieść sukces i rozwinąć swój potencjał*, Warszawa 2007.

Habeler P., Steinbach K., *Celem jest szczyt*, Warszawa 2011.

Hamel G., Prahalad C.K., *Przewaga konkurencyjna jutra*, Warszawa 1999.

Hamlin S., *Jak mówić, żeby nas słuchali*, Poznań 2008.

Hill N., *Klucze do sukcesu*, Warszawa 1998.

Hill N., *Magiczna drabina do sukcesu*, Warszawa 2007.

Hill N., *Myśl!... i bogać się. Podręcznik człowieka interesu*, Warszawa 2012.

Hill N., *Początek wielkiej kariery*, Gliwice 2009.

Ingram D.B., Parks J.A., *Etyka dla żółtodziobów, czyli wszystko, co powinieneś wiedzieć o...*, Poznań 2003.

Jagiełło J., Zuziak W. [red.], *Człowiek wobec wartości*, Kraków 2006.

James W., *Pragmatyzm*, Warszawa 2009.

Jamruszkiewicz J., *Kurs szybkiego czytania*, Chorzów 2002.

Johnson S., *Tak czy nie. Jak podejmować dobre decyzje*, Konstancin-Jeziorna 1995.

Jones Ch., *Życie jest fascynujące*, Konstancin-Jeziorna 1993.

Kanter R.M., *Wiara w siebie. Jak zaczynają się i kończą dobre i złe passy*, Warszawa 2006.

Keller H., *Historia mojego życia*, Warszawa 1978.

Kirschner J., *Zwycięstwo bez walki. Strategie przeciw agresji*, Gliwice 2008.

Koch R., *Zasada 80/20. Lepsze efekty mniejszym nakładem sił i środków*, Konstancin-Jeziorna 1998.

Kopmeyer M.R., *Praktyczne metody osiągania sukcesu*, Warszawa 1994.

Ksenofont, *Cyrus Wielki. Sztuka zwyciężania*, Warszawa 2008.

Kuba A., Hausman J., *Dzieje samochodu*, Warszawa 1973.

Kumaniecki K., *Historia kultury starożytnej Grecji i Rzymu*, Warszawa 1964.

Lamont G., *Jak podnieść pewność siebie*, Łódź 2008.

Leigh A., Maynard M., *Lider doskonały*, Poznań 1999.

Littauer F., *Osobowość plus*, Warszawa 2007.

Loreau D., *Sztuka prostoty*, Warszawa 2009.

Lott L., Intner R., Mendenhall B., *Autoterapia dla każdego. Spróbuj w osiem tygodni zmienić swoje życie*, Warszawa 2006.

Maige Ch., Muller J.-L., *Walka z czasem. Atut strategiczny przedsiębiorstwa*, Warszawa 1995.

Mansfield P., *Jak być asertywnym*, Poznań 1994.

Martin R., *Niepokorny umysł. Poznaj klucz do myślenia zintegrowanego*, Gliwice 2009.

Maslow A., *Motywacja i osobowość*, Warszawa 2009.

Matusewicz Cz., *Wprowadzenie do psychologii*, Warszawa 2011.

Maxwell J.C., *21 cech skutecznego lidera*, Warszawa 2012.

Maxwell J.C., *Tworzyć liderów, czyli jak wprowadzać innych na drogę sukcesu*, Konstancin-Jeziorna 1997.

Maxwell J.C., *Wszyscy się komunikują, niewielu potrafi się porozumieć*, Warszawa 2011.

McCormack M.H., *O zarządzaniu*, Warszawa 1998.

McElroy K., *Jak inwestować w nieruchomości. Znajdź ukryte zyski, których większość inwestorów nie dostrzega*, Osielsko 2008.

McGee P., *Pewność siebie. Jak mała zmiana może zrobić wielką różnicę*, Gliwice 2011.

McGrath H., Edwards H., *Trudne osobowości. Jak radzić sobie ze szkodliwymi zachowaniami innych oraz własnymi*, Poznań 2010.

Mellody P., Miller A.W., Miller J.K., *Toksyczna miłość i jak się z niej wyzwolić*, Warszawa 2013.

Melody B., *Koniec współuzależnienia*, Poznań 2002.

Miller M., *Style myślenia*, Poznań 2000.

Mingotaud F., *Sprawny kierownik. Techniki osiągania sukcesów*, Warszawa 1994.

MJ DeMarco, *Fastlane milionera*, Katowice 2012.

Morgenstern J., *Jak być doskonale zorganizowanym*, Warszawa 2000.

Nay W.R., *Związek bez gniewu. Jak przerwać błędne koło kłótni, dąsów i cichych dni*, Warszawa 2011.

Nierenberg G.I., *Ekspert. Czy nim jesteś?*, Warszawa 2001.

Ogger G., *Geniusze i spekulanci, Jak rodził się kapitalizm*, Warszawa 1993.

Osho, *Księga zrozumienia. Własna droga do wolności*, Warszawa 2009.

Parkinson C.N., *Prawo pani Parkinson*, Warszawa 1970.

Peale N.V., *Entuzjazm zmienia wszystko. Jak stać się zwycięzcą*, Warszawa 1996.

Peale N.V., *Możesz, jeśli myślisz, że możesz*, Warszawa 2005.

Peale N.V., *Rozbudź w sobie twórczy potencjał*, Warszawa 1997.

Peale N.V., *Uwierz i zwyciężaj. Jak zaufać swoim myślom i poczuć pewność siebie*, Warszawa 1999.

Pietrasiński Z., *Psychologia sprawnego myślenia*, Warszawa 1959.

Pilikowski J., *Podróż w świat etyki*, Kraków 2010.

Pink D.H., *Drive*, Warszawa 2011.

Pirożyński M., *Kształcenie charakteru*, Poznań 1999.

Pismo Święte Starego i Nowego Testamentu. Biblia Tysiąclecia, Warszawa 2002.

Pismo Święte w Przekładzie Nowego Świata, 1997.

Popielski K., *Psychologia egzystencji. Wartości w życiu*, Lublin 2009.

Poznaj swoją osobowość, Bielsko-Biała 1996.

Przemieniecki J., *Psychologia jednostki. Odkoduj szyfr do swego umysłu*, Warszawa 2008.

Pszczołowski T., *Umiejętność przekonywania i dyskusji*, Gdańsk 1998.

Reiman T., *Potęga perswazyjnej komunikacji*, Gliwice 2011.

Robbins A., *Nasza moc bez granic. Skuteczna metoda osiągania życiowych sukcesów za pomocą NLP*, Konstancin-Jeziorna 2009.

Robbins A., *Obudź w sobie olbrzyma... i miej wpływ na całe swoje życie – od zaraz*, Poznań 2002.

Robbins A., *Olbrzymie kroki*, Warszawa 2001.

Robert M., *Nowe myślenie strategiczne: czyste i proste*, Warszawa 2006.

Robinson J.W., *Imperium wolności. Historia Amway Corporation*, Warszawa 1997.

Rose C., Nicholl M.J., *Ucz się szybciej, na miarę XXI wieku*, Warszawa 2003.

Rose N., *Winston Churchill. Życie pod prąd*, Warszawa 1996.

Rychter W., *Dzieje samochodu*, Warszawa 1962.

Ryżak Z., *Zarządzanie energią kluczem do sukcesu*, Warszawa 2008.

Savater F., *Etyka dla syna*, Warszawa 1996.

Schäfer B., *Droga do finansowej wolności. Pierwszy milion w ciągu siedmiu lat*, Warszawa 2011.

Schäfer B., *Zasady zwycięzców*, Warszawa 2007.

Scherman J.R., *Jak skończyć z odwlekaniem i działać skutecznie*, Warszawa 1995.

Schuller R.H., *Ciężkie czasy przemijają, bądź silny i przetrwaj je*, Warszawa 1996.

Schwalbe B., Schwalbe H., Zander E., *Rozwijanie osobowości. Jak zostać sprzedawcą doskonałym*, tom 2, Warszawa 1994.

Schwartz D.J., *Magia myślenia kategoriami sukcesu*, Konstancin-Jeziorna 1994.

Schwartz D.J., *Magia myślenia na wielką skalę. Jak zaprząc duszę i umysł do wielkich osiągnięć*, Warszawa 2008.

Scott S.K., *Notatnik milionera. Jak zwykli ludzie mogą osiągać niezwykłe sukcesy*, Warszawa 1997.

Sedlak K. [red.], *Jak poszukiwać i zjednywać najlepszych pracowników*, Kraków 1995.

Seiwert L.J., *Jak organizować czas*, Warszawa 1998.

Seligman M.E.P., *Co możesz zmienić, a czego nie możesz*, Poznań 1995.

Seligman M.E.P., *Pełnia życia*, Poznań 2011.

Seneka, *Myśli*, Kraków 1989.

Sewell C., Brown P.B., *Klient na całe życie, czyli jak przypadkowego klienta zmienić w wiernego entuzjastę naszych usług*, Warszawa 1992.

Słownik pisarzy antycznych, Warszawa 1982.

Smith A., *Umysł*, Warszawa 1989.

Spector R., *Amazon.com. Historia przedsiębiorstwa, które stworzyło nowy model biznesu*, Warszawa 2000.

Spence G., *Jak skutecznie przekonywać... wszędzie i każdego dnia*, Poznań 2001.

Sprenger R.K., *Zaufanie # 1*, Warszawa 2011.

Staff L., *Michał Anioł*, Warszawa 1990.

Stone D.C., *Podążaj za swymi marzeniami*, Konstancin-Jeziorna 1998.

Swiet J., *Kolumb*, Warszawa 1979.

Szurawski M., *Pamięć. Trening interaktywny*, Łódź 2004.

Szyszkowska M., *W poszukiwaniu sensu życia*, Warszawa 1997.

Tatarkiewicz W., *O szczęściu*, Warszawa 1979.

Tavris C., Aronson E., *Błądzą wszyscy (ale nie ja)*, Sopot–Warszawa 2008.

Tracy B., *Milionerzy z wyboru. 21 tajemnic sukcesu*, Warszawa 2002.

Tracy B., *Plan lotu. Prawdziwy sekret sukcesu*, Warszawa 2008.

Tracy B., Scheelen F.M. *Osobowość lidera*, Warszawa 2001.

Tracy B., *Sztuka zatrudniania najlepszych. 21 praktycznych i sprawdzonych technik do wykorzystania od zaraz*, Warszawa 2006.

Tracy B., *Turbostrategia. 21 skutecznych sposobów na przekształcenie firmy i szybkie zwiększenie zysków*, Warszawa 2004.

Tracy B., *Zarabiaj więcej i awansuj szybciej. 21 sposobów na przyspieszenie kariery*, Warszawa 2007.

Tracy B., *Zarządzanie czasem*, Warszawa 2008.

Tracy B., *Zjedz tę żabę. 21 metod podnoszenia wydajności w pracy i zwalczania skłonności do zwlekania, Warszawa* 2005.

Twentier J.D., *Sztuka chwalenia ludzi*, Warszawa 1998.

Urban H., *Moc pozytywnych słów*, Warszawa 2012.

Ury W., *Odchodząc od nie. Negocjowanie od konfrontacji do kooperacji*, Warszawa 2000.

Vitale J., *Klucz do sekretu. Przyciągnij do siebie wszystko, czego pragniesz*, Gliwice 2009.

Waitley D., *Być najlepszym*, Warszawa 1998.

Waitley D., *Imperium umysłu*, Konstancin–Jeziorna 1997.

Waitley D., *Podwójne zwycięstwo*, Warszawa 1996.

Waitley D., *Sukces zależy od właściwego momentu*, Warszawa 1997.

Waitley D., Tucker R.B., *Gra o sukces. Jak zwyciężać w twórczej rywalizacji*, Warszawa 1996.

Walton S., Huey J., *Sam Walton. Made in America*, Warszawa 1994.

Waterhouse J., Minors D., Waterhouse M., *Twój zegar biologiczny. Jak żyć z nim w zgodzie*, Warszawa 1993.

Wegscheider-Cruse S., *Poczucie własnej wartości. Jak pokochać siebie*, Gdańsk 2007.

Wilson P., *Idealna równowaga. Jak znaleźć czas i sposób na pełnię życia*, Warszawa 2010.

Ziglar Z., *Do zobaczenia na szczycie*, Warszawa 1995.

Ziglar Z., *Droga na szczyt*, Konstancin–Jeziorna 1995.

Ziglar Z., *Ponad szczytem*, Warszawa 1995.

INNE KSIĄŻKI WYDAWCY

Wersje audio i e-book dostępne u naszych partnerów.
Audiobook – Audioteka i Storytel
E-book – Empik i Nexto

INNE KSIĄŻKI WYDAWCY

Wersje audio i e-book dostępne u naszych partnerów.
Audiobook – Audioteka i Storytel
E-book – Empik i Nexto

INNE KSIĄŻKI WYDAWCY

Wersje audio i e-book dostępne u naszych partnerów.
Audiobook – Audioteka i Storytel
E-book – Empik i Nexto

www.ingramcontent.com/pod-product-compliance
Lightning Source LLC
LaVergne TN
LVHW040102080526
838202LV00045B/3740